bibliolycée

Candide

Voltaire

Notes, questionnaires et synthèses
par Isabelle de LISLE,
agrégée de Lettres modernes,
docteur ès lettres,
professeur en lycée

Conseiller éditorial : Romain LANCREY-JAVAL

Texte conforme à l'édition de 1761

Sommaire

ISBN 2.01.168549.4

www.hachette-education.com
© Hachette Livre, 2002, 43 quai de Grenelle, 75905 Paris Cedex 15.
Tous droits de traduction, de reproduction et d'adaptation réservés pour tous pays.

**Portrait de Voltaire par Jean Huber,
dit Huber-Voltaire, Genève, 1790.**

PRÉSENTATION

Après les *Fables* de La Fontaine, *Le Médecin malgré lui* et *L'Avare* de Molière, arrive *Candide* de Voltaire. Ces œuvres semblent être autant de pierres blanches sur le chemin des collégiens et des lycéens. Autant de petits classiques… Le mot est lâché ; il se pose comme une étiquette, fonctionne comme un label de qualité. C'est une valeur sûre, un incontournable…

Assurément, Voltaire, l'un des auteurs majeurs du XVIII[e] siècle, a écrit, avec *Candide ou l'Optimisme*, un manuel pour des générations de bacheliers… Quel destin étonnant pour une œuvre qui donne des enseignants une image aussi négative ! Dans le premier chapitre, on apprend que Pangloss, le précepteur du jeune Candide et de sa cousine Cunégonde, enseigne la métaphysico-théologo-cosmolonigologie, et, dès la fin du troisième chapitre, il apparaît « *tout couvert de pustules, les yeux morts, le bout du nez rongé, la bouche de travers, les dents noires* ». On constate, par ailleurs, que la jeune Cunégonde s'intéresse moins aux raisonnements de Pangloss qu'à la « *leçon de physique expérimentale* » qu'elle découvre en surprenant son maître

Cunégonde et Candide, gravure de C. Monnet.

5

en compagnie de la servante : au début du conte, comme dans les chapitres qui suivent, c'est en regardant vivre que l'on s'instruit. Et l'éducation de Candide, loin du précepteur et des livres, consiste d'abord à se débarrasser des dogmes enseignés. *Candide ou l'Optimisme* est le récit de cette adolescence anticonformiste : l'école de Candide, c'est le voyage qu'il effectue à la recherche de Cunégonde, la jeune fille dont il est amoureux. Il traverse les champs de bataille, les mers, descend les rapides, assassine si nécessaire. Et surtout, il pose sur le monde son regard interrogateur, son regard jeune.

Pourtant, François-Marie Arouet – véritable identité de Voltaire – a soixante-quatre ans lorsqu'il rédige, en 1758, cet apologue*. Sa plume n'en est pas moins acérée ; elle progresse comme un scalpel redoutable, ridiculisant les institutions, les éminences religieuses et intellectuelles. Et pour ne pas s'attirer d'ennuis, Voltaire publie son œuvre sous le pseudonyme du docteur Ralph, précisant que ce dernier est décédé.

Nous voilà loin de notre image bien sage de « petit classique ». D'ailleurs, Voltaire a été autant haï que vénéré. Paul Valéry écrit en 1944 : « *Qu'on le maudisse ou qu'on l'exalte, Voltaire vit, Voltaire dure : il est indéfiniment actuel.* » Et si *Candide* doit être un classique, c'est de cette manière-là : il n'est pas un petit livre-musée rangé sur son étagère mais une épée toujours aussi brillante et tranchante. Et si *Candide* doit contribuer à l'éducation des lycéens d'aujourd'hui, c'est aussi de cette façon-là : il ne nous enferme pas dans un dogme et des modèles, mais nous apprend à regarder, à interroger, à critiquer et aussi à respecter. Il nous parle de toutes les formes d'esclavages, de toutes les inquisitions, de tous les fanatismes religieux ; il nous parle de notre XXIe siècle.

Décidément, rien de plus vrai : *Candide* est un classique ; c'est un moderne.

* *Cf.* Lexique.

Voltaire, auteur au siècle des Lumières

Voltaire, écrivain et philosophe engagé

Voltaire par Jean-Baptiste Pigalle.

Voltaire est sans doute, de notre histoire littéraire, l'un des écrivains qui a suscité les réactions les plus partisanes. Adulé à son époque, mais aussi poursuivi et exilé, il est souvent détesté au XIXe siècle et Musset évoque le « *hideux sourire* » de l'auteur de *Candide*. Personnage hors du commun côtoyant des auteurs également originaux tels que Diderot et Rousseau, esprit provocateur et libre dans un temps qui aspire à plus de raison et de liberté, Voltaire est profondément engagé dans son époque. Mais, tout en incarnant pour nous l'image du philosophe des Lumières, il sait nous parler, encore aujourd'hui, de tolérance et de liberté.

Un jeune homme brillant et provocateur

Le 21 novembre 1694, sous le règne de Louis XIV, naît, à Paris, François-Marie Arouet, fils du notaire François Arouet et l'aîné de trois enfants. Il grandit dans une famille bourgeoise, mais l'on devine qu'il refuse ce milieu lorsque, plus tard, il prétendra être le fils du poète Monsieur de Rochebrune. Sa mère meurt en 1701 et son père en 1722.

Au collège jésuite de Clermont (actuel lycée Louis-le-Grand, à Paris), il poursuit, de 1704 à 1711, de brillantes études et se lie avec des enfants de la haute aristocratie.

En 1712, suivant la tradition familiale, il entame des études de droit et devient clerc de procureur (métier qui ne l'enthousiasme guère). Introduit par son parrain, l'abbé de Châteauneuf, il se met à fréquenter la bonne société et les salons littéraires. Mais, pour une histoire d'amour, il se fait remarquer en Hollande en 1713, alors qu'il accompagnait une mission diplomatique ; renvoyé à Paris, son père le menace d'une déportation à Saint-Domingue. François-Marie Arouet fréquente alors les mondains épicuriens* et se lance dans la littérature, notamment la poésie satirique. Mais, lorsqu'il s'en prend au régent Philippe d'Orléans, il se retrouve exilé à Sully-sur-Loire en 1716, puis embastillé en 1717.

Voltaire est né

En 1718, à la prison de la Bastille, François-Marie Arouet prend le pseudonyme de Voltaire (anagramme d'A-R-O-V-E-T Le Jeune) et écrit la tragédie *Œdipe* qui lui vaudra un grand succès à la Comédie-Française. Libéré en avril 1718, il continue à fréquenter l'aristocratie et affirme son ambition poétique. Il compose, en 1723, une épopée : *La Ligue* (devenue *La Henriade*). Suite à une querelle avec le chevalier de Rohan en 1726, il est à nouveau embastillé durant deux semaines puis autorisé à s'exiler en Angleterre. Il y reste jusqu'en novembre 1728. Ce séjour est pour lui l'occasion d'apprendre l'anglais mais aussi de découvrir la monarchie constitutionnelle, la liberté de pensée et la littérature anglaise, notamment Shakespeare.

* *Cf.* Lexique.

De retour en France, il s'enrichit dans des opérations financières ; Voltaire n'aura ainsi jamais besoin de mécène : ses placements bien calculés lui assurent une indépendance confortable. Il écrit, entre autres, des tragédies *(Brutus, Zaïre, La Mort de César…)*, un essai de critique littéraire *(Le Temple du Goût)* et une œuvre historique *(Histoire de Charles XII)*.

Une liaison avec Madame du Châtelet

En 1733, il se lie avec Madame du Châtelet ; cette liaison, à la fois amoureuse et intellectuelle, durera seize ans. De cette période datent les *Lettres philosophiques*, publiées en 1734 ; elles exaltent le modèle anglais et critiquent les institutions religieuses. Craignant d'être poursuivi pour cette œuvre qui fit scandale, Voltaire se réfugie auprès de Madame du Châtelet, dans le château de Cirey. Jusqu'en 1744, Voltaire reçoit dans cette propriété de Lorraine ses admirateurs et écrit *Le Mondain*, un poème à la gloire de l'épicurisme*, l'essai *Discours en vers sur l'homme*, les comédies *Le Comte de Boursoufle* et *L'Enfant prodigue*, et les tragédies *Alzire, Mahomet* et *Mérope*.

De 1744 à 1753, Voltaire connaît une vie agitée. Un temps en faveur à la cour de Versailles, où Madame de Pompadour lui assure sa protection, il est nommé historiographe de la Cour en 1745, puis, en 1746, il devient « gentilhomme ordinaire de la chambre du roi ». Enfin, il est élu à l'Académie française. Durant ces deux années, Voltaire fait la connaissance de

À retenir
La cour de Versailles
Madame de Pompadour, devenue la maîtresse du roi en 1745, assure la protection de Voltaire jusqu'en 1746.

* *Cf. Lexique.*

Rousseau et de d'Alembert. Peu après, en 1747, il est disgracié et contraint de se réfugier auprès de Madame du Châtelet, à la cour du roi de Pologne Stanislas, à Lunéville. Il publie un conte philosophique : *Zadig ou la Destinée*.

Madame du Châtelet meurt en 1749 des suites d'un accouchement, fruit de sa liaison avec le poète Saint-Lambert.

De nouveaux engagements et des retraites

Le séjour en Prusse

En 1750, Voltaire rejoint la cour de Frédéric II à Berlin. Mais un pamphlet écrit en 1753 lui vaudra un emprisonnement à Francfort, avec sa nièce Madame Denis. Pendant ce séjour tumultueux, il publie une œuvre historique, *Le Siècle de Louis XIV* (1751), et un conte philosophique, *Micromégas* (1752).

Les Délices

Voltaire, chassé de Prusse et interdit de séjour à Paris, erre en Alsace. Puis, en 1755, il s'installe avec Madame Denis en Suisse, où il achète une propriété qu'il appelle *Les Délices*. Bien que retiré à Genève, il est engagé dans son époque, sensible aux malheurs naturels ou humains. Ainsi, frappé par le tremblement de terre de Lisbonne, il publie en 1756 le *Poème sur le désastre de Lisbonne ou Examen de cet axiome : « Tout est bien »*. Et il tente en vain de sauver l'amiral anglais Bing qui sera finalement exécuté en 1757.

Ferney

En 1758, Voltaire achète, dans le pays de Gex (voisin de Genève), le château de Ferney et s'y installe définitivement. Il y vit entouré de Madame Denis, de ses amis et des habitants de la région. Pour assurer la prospérité du pays, il fait défricher les landes et assécher les marais ; il développe également des affaires de soierie et, en 1775, obtient du ministre Turgot la suppression de la gabelle dans son pays de Gex.

Ferney pourrait faire penser au jardin de Candide (chapitre 30) si Voltaire y avait vécu en autarcie. Mais ce ne fut pas le cas. Retiré dans son château, Voltaire n'a, paradoxalement, jamais été aussi engagé dans les affaires de son temps. Il se fait le défenseur virulent des victimes de la société. En 1762, il se lance dans « l'affaire Calas » : Jean Calas, protestant toulousain, avait été (injustement) exécuté parce qu'on l'accusait d'avoir assassiné son fils sur le point de se convertir au catholicisme. Voltaire obtient sa réhabilitation en 1765. Il prend aussi la défense de Sirven (1764), du chevalier de La Barre (1765) qui sera tout de même exécuté (on brûle sur son dos un exemplaire du *Dictionnaire philosophique* de Voltaire), et du comte de Lally-Tollendal (1766).

Durant cette période, Voltaire ne cesse d'écrire : *Candide*, composé en 1758 et qui obtient un énorme succès en 1759 ; le *Traité sur la tolérance* (1763) et le *Dictionnaire philosophique* (publié en 1764, mais commencé depuis plus de dix ans) ; *L'Ingénu* (1767) et les contes *L'Homme aux quarante écus* et *La Princesse de Babylone* (1768) ; les *Questions sur l'« Encyclopédie » par des amateurs* (1770-1772), qui constituent une

À retenir

Les retraites
Inquiété, emprisonné, Voltaire se retire à Genève, puis à Ferney, près de la frontière suisse.

Candide
est publié en 1759 de façon anonyme.

imposante compilation dans laquelle Voltaire fait le point sur ses réflexions... Mais, en 1773, une crise de strangurie (problème urinaire) diminue beaucoup sa capacité de travail.

En 1778, âgé de quatre-vingt-quatre ans, Voltaire revient à Paris ; on célèbre en lui l'auteur dramatique*, le conteur et le défenseur des opprimés. Il y meurt le 30 mai de la même année. Mais les querelles se poursuivent après sa mort : dans un premier temps, son inhumation en terre chrétienne est refusée. Finalement, son neveu, l'abbé Mignot, parvient, grâce à d'habiles manœuvres, à le faire enterrer dans son abbaye de Scellières (en Champagne). L'Académie française, quant à elle, ne fut pas autorisée à célébrer une messe de *requiem*.

Le 11 juillet 1791, le transfert de ses cendres au Panthéon est l'occasion d'une fête révolutionnaire.

* *Cf.* Lexique.

L'Europe en 1758

Voltaire est un écrivain engagé dans son époque et *Candide*, malgré la phrase liminaire qui en fait un conte, est rempli d'allusions à l'actualité. Dans le chapitre 22 consacré au séjour à Paris ou dans le chapitre 26 qui réunit les six rois détrônés, la réalité est sans cesse sous-jacente. Incitant le lecteur à décrypter les allusions, Voltaire dresse dans son récit un tableau du monde tel qu'il est en 1758.

Une Europe en guerre

Depuis le 18 mai 1756, à cause d'une rivalité coloniale, l'Europe est en guerre. La France, alliée à l'Autriche, la Russie, la Suède et la Pologne, est opposée à l'Angleterre et la Prusse. Les batailles sont sanglantes : en 1757, les Français sont battus à Rossbach, où dix mille hommes trouvent la mort et sept mille sont faits prisonniers. Voltaire est frappé par cette « *boucherie héroïque* » qu'il dénonce dans sa correspondance et dans *Candide* (*cf.* page 45) ; sans doute est-il d'autant plus touché qu'il a admiré les deux pays contre lesquels se bat la France, et qu'il a séjourné en Angleterre (1726-1728) et en Prusse (1750-1753). La guerre de Sept Ans s'achèvera le 10 mai 1763 par le traité de Paris, au terme duquel la France cédera, entre autres, le Canada et la plupart de ses possessions dans l'Inde.

En France, le roi Louis XV a été victime d'une tentative d'assassinat en 1757. Le mobile de son agresseur, Damiens, aurait été le fanatisme religieux : Diderot

pense qu'il a été inspiré par les jésuites ; Voltaire penche, lui, plutôt pour une origine janséniste. C'est ce monde perçu comme instable que Voltaire illustrera en réunissant six rois détrônés dans le chapitre 26 de *Candide*.

La nature elle-même n'épargne pas l'Europe : le 1er novembre 1755, des dizaines de milliers de personnes meurent dans le tremblement de terre de Lisbonne. Voltaire déclenche un vaste débat européen en écrivant son *Poème sur le désastre de Lisbonne*. Quelques années plus tard, dans *Candide* (chapitres 5 et 6), il évoque à nouveau l'événement ; mais le registre* pathétique* du poème fait place à l'ironie du récit.

On ne s'étonnera donc pas de lire dans une lettre que Voltaire écrit en 1757 : « *Que le meilleur des mondes possibles est affreux !* »

La philosophie de Leibniz

Dans la correspondance de Voltaire, comme dans *Candide*, les références au « *meilleur des mondes possibles* » sont récurrentes*. C'est une allusion au philosophe allemand Gottfried Wilhelm Leibniz. Les lecteurs français connaissaient sans doute bien l'œuvre à laquelle Voltaire s'en prenait car les *Essais de théodicée* (1710) avaient été rédigés en français. On peut voir dans cette opposition à Leibniz un refus plus général du monde germanique après l'épisode de Francfort (voir page 11) ; mais c'est sans doute la question du Mal qui obsède Voltaire. Dans *Candide ou l'Optimisme*, le mot « optimisme » n'a pas encore

À retenir

Optimisme
Néologisme désignant une réponse philosophique à la question du Mal.

* *Cf. Lexique.*

le sens actuel (une bonne disposition du caractère qui nous conduit à prendre la vie du bon côté) ; c'est, en 1758, un néologisme* qui désigne une réponse philosophique à la question du Mal.

Pour Leibniz, le monde créé par Dieu ne peut être que parfait ; le Mal n'est donc qu'apparent, et si nous pensons que le monde souffre, c'est que nous ne sommes pas capables de percevoir la finalité nécessairement bonne qui justifie cette souffrance : « *Il se peut que tous les maux ne soient aussi qu'un presque néant en comparaison des biens qui sont dans l'univers.* » De même, Rousseau, répondant au *Poème sur le désastre de Lisbonne*, écrit : « *Tout n'est pas bien, mais le Tout est bien.* »

Les Lumières

Sur la question de l'existence de Dieu, Voltaire, comme les autres philosophes des Lumières (avant la tentation de l'athéisme qui marquera la fin du siècle), ne s'oppose pas à Leibniz : l'univers ne saurait être le fruit du hasard ; un « *grand horloger* » est nécessairement à l'origine de l'horloge.

Mais Dieu n'est qu'un principe, qu'une explication donnée, et Voltaire Le tient à l'écart ; ce sont davantage les hommes et leurs capacités de raisonner qui intéressent les philosophes des Lumières. En 1758, lorsque Voltaire écrit *Candide*, le projet de l'*Encyclopédie* existe déjà depuis douze ans (projet initié en 1746, publication du premier volume en 1751) et Buffon, depuis 1749 (jusqu'en 1789), publie son *Histoire naturelle*. Les Lumières sont bien celles de

* *Cf.* Lexique.

la raison et de la science. Mais il ne faut pas se méprendre : cette affirmation de la raison, héritée du philosophe Descartes, n'est pas une affirmation de la toute-puissance de la raison humaine. L'intelligence humaine ne peut expliquer totalement le monde, ni le réduire à des catégories. Voltaire se méfie des systèmes et, lorsqu'il imagine Pangloss, ce n'est pas seulement pour critiquer Leibniz, mais aussi pour rejeter toute forme de dogmatisme. Les Lumières sont plurielles ; elles n'affirment pas une doctrine unique ; elles n'appellent que le recul du fanatisme et de l'obscurantisme. C'est pourquoi la démarche des philosophes du XVIIIe siècle est avant tout critique : c'est en soulignant les abus et en remettant en cause la toute-puissance de certaines institutions que l'on peut espérer éclairer les hommes et progresser.

Le progrès va de pair avec l'éducation, avec la diffusion des idées. Or la censure existe : Voltaire connaît les lettres de cachet, la Bastille, l'exil, l'interdiction de séjour... Pour séduire ses lecteurs, mais aussi pour contourner la censure, la pensée des Lumières s'habille dans l'étoffe chatoyante de la fiction et des formes comiques.

> **À retenir**
>
> **La censure**
> Pour contourner la censure, les auteurs des Lumières jouent des formes littéraires et de l'implicite.

Les formes littéraires

Lorsque Voltaire écrit *Candide*, il connaît les contes traditionnels français mais aussi les contes orientaux (traduction des *Mille et Une Nuits* par Galland en 1704) dont il s'inspire pour écrire *Zadig* en 1747. Mais, si l'on excepte l'installation finale à Constantinople, Voltaire n'utilise pas cette veine orientale dans

Candide. Il puise sans doute davantage dans les récits de voyages, en vogue également à l'époque, pour imaginer les péripéties que connaissent ses personnages dans le Nouveau Monde.

Le roman picaresque, alors à la mode (Lesage, *Le Diable boiteux*, 1707), constitue également une source d'inspiration pour Voltaire. Il reprend le roman d'aventures pour le parodier, tout comme, en imaginant l'histoire de Cunégonde, il caricature *Cleveland ou le Philosophe anglais*, le roman de l'abbé Prévost (1697-1763) dont les volumes paraissent entre 1731 et 1739.

Si Voltaire prend ses distances par rapport aux genres du conte, du roman picaresque et du feuilleton amoureux, il s'inspire en profondeur du style de Montesquieu dans ses *Lettres persanes* (1721) ou dans certaines pages de *L'Esprit des lois* (1748). On retrouve, en effet, dans *Candide* le même sens de la formule et la même utilisation efficace de l'implicite*.

À retenir

Genèse de *Candide*
Voltaire s'inspire des récits de voyage, parodie le roman d'aventures et retrouve le ton de Montesquieu dans ses *Lettres persanes*.

Genèse et réception de Candide

L'écriture de *Candide* a sans doute débuté en janvier 1758 et s'est achevée à la fin de cette même année. À partir de février 1759, le récit est diffusé en France et dans toute l'Europe, dans les couches lettrées qui comprennent le français. Le conte est au départ anonyme mais tout le monde devine la plume de Voltaire. Il s'en défend et attribue, en 1761, l'œuvre (il étoffe alors l'épisode parisien du chapitre 22) à un certain docteur Ralph mort depuis à la bataille de Minden. Ce jeu de masque, qui permet à Voltaire d'échapper aux

* Cf. Lexique.

poursuites judiciaires, ne trompe personne car le style est une signature.

Entrée de Voltaire à Paris.

Voltaire en son temps

	Vie et œuvre de Voltaire	Événements historiques et culturels
1694	Naissance à Paris de François-Marie Arouet.	
1704	Élève au collège Louis-le-Grand.	Traduction des *Mille et Une Nuits* par Galland.
1710		Leibniz publie en français ses *Essais de théodicée*.
1715		Mort de Louis XIV. Régence du duc d'Orléans.
1717	Est emprisonné à la Bastille pour des poèmes contre le Régent.	
1718	La tragédie *Œdipe* est jouée avec succès à la Comédie-Française. Prend le pseudonyme de Voltaire.	
1720		La peste ravage la Provence (85 000 morts).
1721		Montesquieu écrit les *Lettres persanes*.
1723		Début du règne de Louis XV.
1726	Suite à une querelle avec le chevalier de Rohan, Voltaire s'exile en Angleterre (→ 1728).	Jonathan Swift, *Les Voyages de Gulliver*.
1732	La tragédie *Zaïre* obtient un grand succès.	
1733	Début de sa liaison avec Madame du Châtelet.	Stanislas Ier est élu roi de Pologne avec l'appui de Louis XV.
1734	La publication des *Lettres philosophiques* oblige Voltaire à se réfugier à Cirey (Lorraine).	
1736		Le roi Stanislas Ier est chassé du trône par les Russes.

	Vie et œuvre de Voltaire	Événements historiques et culturels
1740	Rencontre Frédéric II, nouveau roi de Prusse.	
1742	La tragédie *Mahomet* obtient un grand succès à Lille.	
1745	Devient historiographe de France.	La marquise de Pompadour devient la maîtresse du roi Louis XV.
1746	Est élu à l'Académie française.	
1747	Entre en disgrâce à la Cour. Première version de *Zadig*. Séjours à la cour du roi Stanislas à Lunéville.	
1748		Montesquieu rédige *De l'esprit des lois*. La Prusse, par le traité d'Aix-la-Chapelle, devient une grande puissance.
1749	Décès de Madame du Châtelet.	Buffon débute la publication de son *Histoire naturelle*.
1750	Séjour à Berlin (→ 1753).	
1751	*Le Siècle de Louis XIV*.	Publication des volumes I et II de l'*Encyclopédie*.
1753	Est emprisonné à Francfort.	
1755	S'installe aux *Délices*, en Suisse.	Tremblement de terre à Lisbonne. Rousseau écrit son *Discours sur l'origine et les fondements de l'inégalité parmis les hommes*.
1756	*Essai sur les mœurs*.	Guerre de Sept Ans (→ 1763).
1757		L'amiral anglais Bing est exécuté. Damiens tente d'assassiner Louis XV.
1759	Publie *Candide* de façon anonyme.	La publication de l'*Encyclopédie* est interdite.

	Vie et œuvre de Voltaire	Événements historiques et culturels
1760	S'installe à Ferney (pays de Gex, dans l'actuel département de l'Ain).	
1762		Le protestant Jean Calas est exécuté.
1763	*Traité sur la tolérance.*	Le traité de Paris clôt la guerre de Sept Ans.
1764	*Dictionnaire philosophique.*	L'ordre des Jésuites est dissous en France.
1766		Le chevalier de La Barre est exécuté.
1767	*L'Ingénu.*	
1774		Mort de Louis XV. Début du règne de Louis XVI.
1778	Revient à Paris en février. Y meurt le 30 mai.	Mort de Jean-Jacques Rousseau.
1791	Transfert de ses cendres au Panthéon.	En juin, Louis XVI est arrêté à Varennes (Meuse).

Candide
ou l'Optimisme

TRADUIT DE L'ALLEMAND
DE MR. LE DOCTEUR RALPH[1]

avec les additions qu'on a trouvées
dans la poche du docteur, lorsqu'il mourut
à Minden, l'an de grâce 1759[2]

Voltaire

Candide chassé du château par le baron,
gravure de Jean Dambrun d'après un dessin de Moreau-le-Jeune.

Chapitre premier

C omment Candide fut élevé dans un beau château, et comment il fut chassé d'icelui[1]

passage analysé

Il y avait en Vestphalie[2], dans le château de monsieur le baron de Thunder[3]-ten-tronckh, un jeune garçon à qui la nature avait donné les mœurs les plus douces. Sa physionomie annonçait son âme. Il avait le jugement assez droit, avec l'esprit le plus simple ;

5 c'est, je crois, pour cette raison qu'on le nommait Candide. Les anciens domestiques de la maison soupçonnaient qu'il était fils de la sœur de monsieur le baron et d'un bon et honnête gentilhomme du voisinage, que cette demoiselle ne voulut jamais épouser, parce qu'il n'avait pu prouver que soixante et onze quartiers[4],

<space/>notes

1. icelui : pronom démonstratif en ancien français *(celui-ci)* ; il n'est plus employé au XVIII[e] siècle.

2. Vestphalie : Westphalie (province de l'Allemagne).

Dans *Candide*, les lieux sont évocateurs. Celui-là évoque, pour l'époque, un lieu soumis aux guerres européennes.

3. Thunder : orage (en anglais).

4. soixante et onze quartiers : 71 ascendants dont la noblesse est certaine (64 ascendants représentent six générations).

10 et que le reste de son arbre généalogique avait été perdu par l'injure du temps.

Monsieur le baron était un des plus puissants seigneurs de la Vestphalie, car son château avait une porte et des fenêtres. Sa grande salle même était ornée d'une tapisserie. Tous les chiens
15 de ses basses-cours composaient une meute dans le besoin, ses palefreniers étaient ses piqueurs[1], le vicaire[2] du village était son grand-aumônier[3]. Ils l'appelaient tous Monseigneur, et ils riaient quand il faisait des contes.

Madame la baronne, qui pesait environ trois cent cinquante
20 livres[4], s'attirait par là une très grande considération, et faisait les honneurs de la maison avec une dignité qui la rendait encore plus respectable. Sa fille Cunégonde, âgée de dix-sept ans, était haute en couleur, fraîche, grasse, appétissante. Le fils du baron paraissait en tout digne de son père. Le précepteur Pangloss était
25 l'oracle[5] de la maison, et le petit Candide écoutait ses leçons avec toute la bonne foi de son âge et de son caractère.

Pangloss enseignait la métaphysico-théologo-cosmolonigo-logie. Il prouvait admirablement qu'il n'y a point d'effet sans cause[6], et que, dans ce meilleur des mondes possibles, le château
30 de monseigneur le baron était le plus beau des châteaux, et madame la meilleure des baronnes possibles.

« Il est démontré, disait-il, que les choses ne peuvent être autrement : car, tout étant fait pour une fin, tout est nécessairement pour la meilleure fin. Remarquez bien que les nez ont été faits
35 pour porter des lunettes ; aussi avons-nous des lunettes. Les jambes sont visiblement instituées pour être chaussées, et nous

passage analysé

notes

1. **piqueurs** : cavaliers en charge de la meute lors d'une chasse à courre.
2. **vicaire** : prêtre d'une paroisse, adjoint du curé.

3. **grand-aumônier** : prêtre attaché à la cour d'un prince ou d'un roi.
4. **trois cent cinquante livres** : plus de 110 kilos (1 livre = 321 g).

5. **oracle** : personne qui parle avec compétence, dont les propos sont incontestables.
6. **point d'effet sans cause** : allusion aux *Essais de théodicée* de Leibniz.

avons des chausses[1]. Les pierres ont été formées pour être taillées et pour en faire des châteaux ; aussi monseigneur a un très beau château : le plus grand baron de la province doit être le mieux logé ; et les cochons étant faits pour être mangés, nous mangeons du porc toute l'année. Par conséquent, ceux qui ont avancé que tout est bien[2] ont dit une sottise : il fallait dire que tout est au mieux. »

Candide écoutait attentivement, et croyait innocemment : car il trouvait mademoiselle Cunégonde extrêmement belle, quoiqu'il ne prît jamais la hardiesse de le lui dire. Il concluait qu'après le bonheur d'être né baron de Thunder-ten-tronckh, le second degré de bonheur était d'être mademoiselle Cunégonde ; le troisième, de la voir tous les jours ; et le quatrième, d'entendre maître Pangloss, le plus grand philosophe de la province, et par conséquent de toute la Terre.

Un jour, Cunégonde, en se promenant auprès du château, dans le petit bois qu'on appelait *parc*, vit entre des broussailles le docteur Pangloss qui donnait une leçon de physique expérimentale à la femme de chambre de sa mère[3], petite brune très jolie et très docile. Comme mademoiselle Cunégonde avait beaucoup de disposition pour les sciences, elle observa, sans souffler[4], les expériences réitérées[5] dont elle fut témoin ; elle vit clairement la raison suffisante[6] du docteur, les effets et les causes, et s'en retourna tout agitée, toute pensive, toute remplie du désir d'être savante, songeant qu'elle pourrait bien être la raison suffisante du jeune Candide, qui pouvait aussi être la sienne.

notes ..

1. chausses : bas.
2. ceux qui ont avancé que tout est bien [...] : allusion à l'écrivain anglais Alexander Pope, *Essai sur l'homme* (1733).

3. femme de chambre de sa mère : il s'agit de Paquette (*cf.* chapitre 4).
4. sans souffler : sans un mot, sans bruit.

5. réitérées : répétées.
6. raison suffisante : terme de la philosophie de Leibniz.

Elle rencontra Candide en revenant au château, et rougit ;
Candide rougit aussi ; elle lui dit bonjour d'une voix entrecou-
65 pée, et Candide lui parla sans savoir ce qu'il disait. Le lendemain,
après le dîner, comme on sortait de table, Cunégonde et Candide
se trouvèrent derrière un paravent ; Cunégonde laissa tomber son
mouchoir, Candide le ramassa ; elle lui prit innocemment la
main ; le jeune homme baisa innocemment la main de la jeune
70 demoiselle avec une vivacité, une sensibilité, une grâce toute
particulière : leurs bouches se rencontrèrent, leurs yeux s'enflam-
mèrent, leurs genoux tremblèrent, leurs mains s'égarèrent.
Monsieur le baron de Thunder-
ten-tronckh passa auprès du
75 paravent, et, voyant cette cause
et cet effet, chassa Candide du
château à grands coups de pied
dans le derrière ; Cunégonde
s'évanouit : elle fut souffletée
80 par madame la baronne dès
qu'elle fut revenue à elle-
même ; et tout fut consterné[1]
dans le plus beau et le plus
agréable des châteaux possibles.

suite, p. 41

**Cunégonde (Daliah Lavi)
surprenant Pangloss
et la servante,
dans le film de Norbert
Carbonnaux (1960).**

note

| **1. consterné** : anéanti.

28

« Il y avait en Vestphalie »

Lecture analytique du chapitre premier, pp. 25 à 28.

Lorsque le lecteur aborde le premier chapitre (l'incipit) d'un récit, qu'il s'agisse d'un roman, d'une nouvelle ou d'un conte, il ne connaît de l'œuvre que le nom de son auteur et le titre. C'est pourquoi il attend des premières pages une explication du titre.

Candide ou l'Optimisme : qui est Candide ? Que pense Voltaire de la théorie de l'optimisme ? Le premier chapitre joue bien son rôle, puisqu'il nous apporte effectivement la réponse à cette double interrogation : on y découvre Candide, le personnage éponyme*, et d'autres protagonistes, parmi lesquels le philosophe Pangloss qui incarne la vision optimiste du monde.

De manière générale, le premier chapitre d'une œuvre porte en germes les thèmes et les procédés* récurrents* de l'œuvre. Dans *Candide*, le chapitre d'ouverture évoque une situation qui servira de référence tout au long du récit. À ce titre, il est important de voir comment ce chapitre remplit sa fonction informative et comment se mettent en place, dès la première page, les lignes de force du conte.

Il était une fois un conte...

L'incipit d'un récit répond aux questions que le lecteur est en droit de se poser dès l'ouverture du livre : Où ? Quand ? Qui ? Les premières pages posent le cadre spatio-temporel et introduisent les personnages, notamment le personnage éponyme.

* *Cf.* Lexique.

Le lecteur se demande également ce qui va se passer au cours du récit. La construction de l'histoire – le *schéma narratif** – est généralement la suivante : l'incipit expose l'équilibre d'une *situation initiale** brisé par un *élément perturbateur*. Pour trouver un nouvel équilibre dans le dernier chapitre (la *situation finale*), les *péripéties* s'enchaînent.

On n'aborde pas un livre, vierge de toutes références : le lecteur cherche à situer l'œuvre par rapport à d'autres lectures, en se posant la question du genre et du registre*. Quels indices, dans l'incipit, me permettent de penser que ce récit est un roman d'aventures ou un conte ? Le livre va-t-il me faire rire ou pleurer, me faire réagir ?

............. **Les questions cardinales* de l'incipit**

❶ Quel est, dans le chapitre 1, le cadre spatio-temporel ?
❷ Quels sont les différents personnages présentés ? Quel est le statut de Candide dans la baronnie ? Quel est celui de Pangloss ?

............. **La construction du chapitre**

❸ Quelle est, dans le chapitre 1, la situation initiale ?
❹ En quoi la précision « *Un jour* » (l. 52) marque-t-elle un changement ? Quels sont les temps dominants et leurs valeurs de part et d'autre de cet indice temporel ?

............. **Le genre**

❺ En quoi la première phrase de *Candide* affiche-t-elle les marques du genre ?
❻ Quelle expression ou construction revient tout au long du chapitre ? Quel est l'effet de cette reprise ?
❼ Dans quelle mesure peut-on dire que la baronnie ressemble au « *paradis terrestre* », comme le laisse entendre la première phrase du deuxième chapitre ?

* Cf. Lexique.

Un texte argumentatif

L'aristocratie est la classe dominante de l'Ancien Régime. Ses prérogatives sont héritées du Moyen Âge. Le seigneur médiéval a tout pouvoir sur les habitants de son domaine, mais il a également le devoir de les protéger, de les abriter, en cas de guerre par exemple. La société du XVIII^e siècle comprend trois ordres : la noblesse, le clergé et le tiers état. Mais la noblesse remplit de moins en moins son rôle protecteur ; n'étant pas une classe productive, elle est souvent perçue comme un parasite anachronique ; la bourgeoisie montante et individualiste regarde d'un œil critique cette noblesse qui lui interdit l'accès au pouvoir.

Dans ses écrits, Voltaire rejette toute forme de dogmatisme et de système philosophique. Au raisonnement, il préfère sans doute l'action, comme le laisse entendre le dernier chapitre de *Candide*. Il s'en prend plus particulièrement au philosophe Leibniz qui avait eu recours à l'expression du « *meilleur des mondes possibles* », dans ses *Essais de théodicée* (1710), pour expliquer un système dans lequel il parvenait à concilier l'existence du Mal et la présence de Dieu.

La critique de l'aristocratie

❽ Quel est le reproche adressé à l'aristocratie dans le premier paragraphe ?

❾ Les articles indéfinis singuliers *un* (« *un des plus puissants seigneurs* », l. 12), *une* (« *une porte* », l. 13) et *une* (« *une tapisserie* », l. 14) ont-ils la même valeur ?

❿ Dans le deuxième paragraphe, sur quels éléments repose la puissance du baron ? Quel est l'effet produit ? Quelle phrase, dans le troisième paragraphe, fonctionne de la même manière ?

La critique de la philosophie de Pangloss

⓫ En quoi le discours de Pangloss (l. 32 à 43) est-il une parodie* de discours philosophique ? Quelles autres phrases participent également de cette parodie ?

* *Cf.* Lexique.

Le mode implicite

Dans les contes traditionnels, c'est une habitude de donner aux personnages un nom porteur de sens ; on peut penser à Cendrillon, à la Belle au bois dormant ou au Petit Poucet. Ainsi nommé, le personnage se définit davantage par sa fonction ou sa caractérisation que par son individualité : par exemple, l'intérêt du personnage du Petit Poucet réside dans son exceptionnelle petite taille. De même, Voltaire a recours à cette tradition ; mais, lorsqu'il reprend l'archétype* du genre, il le détourne et en fait une arme au service de la satire*.

De manière plus générale, la critique chez Voltaire se fait sur le mode de l'implicite*. Sans doute est-ce pour lui une façon de contourner la censure, et l'on sait que Voltaire a eu de nombreux démêlés avec la justice au cours de son existence ; c'est aussi une manière d'impliquer le lecteur en le conduisant à formuler lui-même sa propre critique. Le lecteur participe ainsi à l'élaboration de l'œuvre et de son sens.

........................... **Le rôle des désignations**

⑫ Relevez, dans le chapitre 1, les différentes appellations du baron.

⑬ Quels noms propres sont significatifs ou simplement évocateurs ?

........................... **Le mode implicite**

⑭ Dans quelle mesure le « *icelui* » du titre du chapitre peut-il intriguer et manipuler le lecteur ?

* *Cf.* Lexique.

Les ouvertures d'œuvres au XVIIIᵉ siècle

Lectures croisées et travaux d'écriture

Voltaire, dans le premier chapitre de *Candide*, répond aux questions que le lecteur est en droit de se poser lorsqu'il aborde ce récit. Cependant, on s'aperçoit rapidement que, tout en paraissant respecter scrupuleusement les règles de l'incipit et les lois du conte, il détourne les archétypes* et renouvelle le genre. Le conte traditionnel devient un conte philosophique, et le récit véhicule une critique implicite* que le lecteur, séduit et manipulé, fait sienne. Le XVIIIᵉ siècle est à la fois une époque de censure et de liberté : les auteurs sont à la recherche de formes nouvelles pour exprimer leurs idées, elles aussi nouvelles, et ils explorent des voies inédites pour toucher efficacement (et discrètement) leur public. À ce titre, il est intéressant de regarder de plus près comment quelques auteurs des Lumières ont abordé leur lecteur ou leur spectateur. Respect des règles mais également innovation formelle, fiction mais aussi critique… les ouvertures des œuvres narratives (Montesquieu, Diderot) ou théâtrales (Marivaux) du XVIIIᵉ siècle sont riches de pistes originales et séduisantes.

Montesquieu, *Lettres persanes*

En 1721, le baron Charles-Louis de Montesquieu (1689-1755) publie ses Lettres persanes. Après les turqueries de Molière (Le Bourgeois gentilhomme), l'Orient suscite une curiosité croissante ; mais les histoires de harems et la forme épistolaire deviennent, sous la plume de Montesquieu, un moyen de donner une image critique de la société parisienne. Le Persan Usbek pose un regard neuf sur Paris et ses institutions, lequel est prétexte à toute une galerie de portraits satiriques.*

<div align="center">

LETTRE I

USBEK À SON AMI RUSTAN, À ISPAHAN ;

</div>

Nous n'avons séjourné qu'un jour à Com. Lorsque nous eûmes fait nos dévotions sur le tombeau de la Vierge qui a mis au monde douze

* *Cf.* Lexique.

prophètes, nous nous remîmes en chemin, et hier, vingt-cinquième jour de notre départ d'Ispahan, nous arrivâmes à Tauris.

Rica et moi sommes peut-être les premiers parmi les Persans que l'envie de savoir ait fait sortir de leur pays, et qui aient renoncé aux douceurs d'une vie tranquille pour aller chercher laborieusement la sagesse.

Nous sommes nés dans un royaume florissant ; mais nous n'avons pas cru que ses bornes fussent celles de nos connaissances, et que la lumière orientale dût seule nous éclairer.

Mande-moi ce que l'on dit de notre voyage ; ne me flatte point : je ne compte pas sur un grand nombre d'approbateurs. Adresse ta lettre à Erzeron, où je séjournerai quelque temps.

Adieu, mon cher Rustan ; sois assuré qu'en quelque lieu du monde où je sois tu as un ami fidèle.

De Tauris, le 15 de la lune de Saphar, 1711.

Montesquieu, *Lettres persanes* (orthographe modernisée), 1721.

Marivaux, *L'île des esclaves*

L'Île des esclaves (1725) de Pierre Carlet de Chamblain de Marivaux (1688-1763) est une petite comédie en un acte, dans la tradition du théâtre italien. Un naufrage sur une île utopique est le point de départ d'un jeu d'inversion (voir aussi Le Jeu de l'amour et du hasard), au cours duquel les esclaves prennent la place de leurs maîtres. Orchestrée par Trivelin, un habitant de l'île, l'inversion est prétexte à une critique de la société, mais s'achève par un retour à l'ordre initial.

Scène 1 : *Iphicrate s'avance tristement sur le théâtre avec Arlequin.*

IPHICRATE, *après avoir soupiré*. Arlequin ?

ARLEQUIN, *avec une bouteille de vin qu'il a à sa ceinture*. Mon patron !

IPHICRATE. Que deviendrons-nous dans cette île ?

ARLEQUIN. Nous deviendrons maigres, étiques[1], et puis morts de faim : voilà mon sentiment et notre histoire.

IPHICRATE. Nous sommes seuls échappés du naufrage ; tous nos camarades ont péri, et j'envie maintenant leur sort.

ARLEQUIN. Hélas ! ils sont noyés dans la mer, et nous avons la même commodité[2].

IPHICRATE. Dis-moi ; quand notre vaisseau s'est brisé contre le rocher, quelques-uns des nôtres ont eu le temps de se jeter dans la chaloupe ; il est vrai que les vagues l'ont enveloppée, je ne sais ce qu'elle est devenue ;

mais peut-être auront-ils eu le bonheur d'aborder en quelque endroit de l'île, et je suis d'avis que nous les cherchions.

ARLEQUIN. Cherchons, il n'y a pas de mal à cela ; mais reposons-nous auparavant pour boire un petit coup d'eau-de-vie : j'ai sauvé ma propre bouteille, la voilà ; j'en boirai les deux tiers, comme de raison, et puis je vous donnerai le reste.

IPHICRATE. Eh ! ne perdons point de temps, suis-moi : ne négligeons rien pour nous tirer d'ici ; si je ne me sauve, je suis perdu, je ne reverrai jamais Athènes, car nous sommes dans l'île des Esclaves.

ARLEQUIN. Oh ! oh ! qu'est-ce que c'est que cette race-là ?

IPHICRATE. Ce sont des esclaves de la Grèce révoltés contre leurs maîtres, et qui depuis cent ans sont venus s'établir dans une île, et je crois que c'est ici : tiens, voici sans doute quelques-unes de leurs cases ; et leur coutume, mon cher Arlequin, est de tuer tous les maîtres qu'ils rencontrent, ou de les jeter dans l'esclavage.

ARLEQUIN. Eh ! chaque pays a sa coutume : ils tuent les maîtres, à la bonne heure ; je l'ai entendu dire aussi ; mais on dit qu'ils ne font rien aux esclaves comme moi.

IPHICRATE. Cela est vrai.

ARLEQUIN. Eh ! encore vit-on.

IPHICRATE. Mais je suis en danger de perdre la liberté, et peut-être la vie ; Arlequin, cela ne suffit-il pas pour me plaindre ?

ARLEQUIN, *prenant sa bouteille pour boire*. Ah ! je vous plains de tout mon cœur, cela est juste.

IPHICRATE. Suis-moi donc.

ARLEQUIN. Hu ! hu ! hu !

IPHICRATE *siffle*. Comment donc ! que veux-tu dire ?

ARLEQUIN, *distrait, chante*. Tala ta lara.

IPHICRATE. Parle donc ; as-tu perdu l'esprit ? à quoi penses-tu ?

ARLEQUIN, *riant*. Ah ! ah ! ah ! Monsieur Iphicrate, la drôle d'aventure ! je vous plains, par ma foi, mais je ne saurais m'empêcher d'en rire.

IPHICRATE, *à part les premiers mots*. Le coquin abuse de ma situation : j'ai mal fait de lui dire où nous sommes. Arlequin, ta gaieté ne vient pas à propos ; marchons de ce côté.

ARLEQUIN. J'ai les jambes si engourdies !...

IPHICRATE. Avançons, je t'en prie.

ARLEQUIN. Je t'en prie, je t'en prie ; comme vous êtes civil et poli ; c'est l'air du pays qui fait cela.

IPHICRATE. Allons, hâtons-nous, faisons seulement une demi-lieue sur la côte pour chercher notre chaloupe, que nous trouverons peut-être avec une partie de nos gens ; et, en ce cas-là, nous nous rembarquerons avec eux.

ARLEQUIN, *en badinant*. Badin ! comme vous tournez cela ! *(Il chante.)*

> L'embarquement est divin
>
> Quand on vogue, vogue, vogue
>
> L'embarquement est divin
>
> Quand on vogue avec Catin[3].

IPHICRATE, *retenant sa colère*. Mais je ne te comprends point, mon cher Arlequin.

ARLEQUIN. Mon cher patron, vos compliments me charment ; vous avez coutume de m'en faire à coups de gourdin qui ne valent pas ceux-là ; et le gourdin est dans la chaloupe.

IPHICRATE. Eh ! ne sais-tu pas que je t'aime ?

ARLEQUIN. Oui ; mais les marques de votre amitié tombent toujours sur mes épaules, et cela est mal placé. Ainsi, tenez, pour ce qui est de nos gens, que le ciel les bénisse ! s'ils sont morts, en voilà pour longtemps ; s'ils sont en vie, cela se passera, et je m'en goberge.

IPHICRATE, *un peu ému*. Mais j'ai besoin d'eux, moi.

ARLEQUIN, *indifféremment*. Oh ! cela se peut bien, chacun a ses affaires : que je ne vous dérange pas !

IPHICRATE. Esclave insolent !

ARLEQUIN, *riant*. Ah ! ah ! vous parlez la langue d'Athènes ; mauvais jargon que je n'entends plus.

IPHICRATE. Méconnais-tu ton maître, et n'es-tu plus mon esclave ?

ARLEQUIN, *se reculant d'un air sérieux*. Je l'ai été, je le confesse à ta honte ; mais va, je te le pardonne ; les hommes ne valent rien. Dans le pays d'Athènes, j'étais ton esclave ; tu me traitais comme un pauvre animal, et tu disais que cela était juste, parce que tu étais le plus fort. Eh bien ! Iphicrate, tu vas trouver ici plus fort que toi ; on va te faire esclave à ton tour ; on te dira aussi que cela est juste, et nous verrons ce que tu penseras de cette justice-là ; tu m'en diras ton sentiment, je t'attends là. Quand tu auras souffert, tu seras plus raisonnable ; tu sauras mieux ce qu'il est permis de faire souffrir aux autres. Tout en irait mieux dans le monde, si ceux qui te ressemblent recevaient la même leçon que toi. Adieu, mon ami ; je vais trouver mes camarades et tes maîtres.

Il s'éloigne.

IPHICRATE, *au désespoir, courant après lui l'épée à la main.* Juste ciel ! peut-on être plus malheureux et plus outragé que je le suis ? Misérable ! tu ne mérites pas de vivre.

ARLEQUIN. Doucement ; tes forces sont bien diminuées, car je ne t'obéis plus, prends-y garde.

<div align="right">Marivaux, L'Île des esclaves, 1725.</div>

1. étiques : squelettiques. **2. commodité** : destin. **3. Catin** : prénom féminin, surtout à la campagne (abréviation de Catherine) ; femme aux mœurs légères.

Denis Diderot, *Jacques le Fataliste*

Denis Diderot (1713-1784) est une figure dominante du siècle des Lumières. Fondateur, avec d'Alembert, de l'Encyclopédie, il est également un théoricien dramatique, un essayiste et un romancier. En 1771, il rédige Jacques le Fataliste, un roman dans lequel s'enchevêtrent différents niveaux de narration, différentes formes littéraires, différentes questions philosophiques, dont celles de la liberté et de la fatalité.*

Comment s'étaient-ils rencontrés ? Par hasard, comme tout le monde. Comment s'appelaient-ils ? Que vous importe ? D'où venaient-ils ? Du lieu le plus prochain. Où allaient-ils ? Est-ce que l'on sait où l'on va ? Que disaient-ils ? Le maître ne disait rien ; et Jacques disait que son capitaine disait que tout ce qui nous arrive de bien et de mal ici-bas était écrit là-haut.

LE MAÎTRE. C'est un grand mot que cela.

JACQUES. Mon capitaine ajoutait que chaque balle qui partait d'un fusil avait son billet[1].

LE MAÎTRE. Et il avait raison...

Après une courte pause, Jacques s'écria : « Que le diable emporte le cabaretier et son cabaret !

LE MAÎTRE. Pourquoi donner au diable son prochain ? Cela n'est pas chrétien.

JACQUES. C'est que, tandis que je m'enivre de son mauvais vin, j'oublie de mener nos chevaux à l'abreuvoir. Mon père s'en aperçoit ; il se fâche. Je hoche de la tête ; il prend un bâton et m'en frotte un peu durement les épaules. Un régiment passait pour aller au camp devant Fontenoy ; de dépit je m'enrôle. Nous arrivons ; la bataille se donne.

LE MAÎTRE. Et tu reçois la balle à ton adresse.

JACQUES. Vous l'avez deviné ; un coup de feu au genou ; et Dieu sait les bonnes et mauvaises aventures amenées par ce coup de feu. Elles se

* *Cf.* Lexique.

tiennent ni plus ni moins que les chaînons d'une gourmette. Sans ce coup de feu, par exemple, je crois que je n'aurais été amoureux de ma vie, ni boiteux.

LE MAÎTRE. Tu as donc été amoureux ?

JACQUES. Si je l'ai été !

LE MAÎTRE. Et cela par un coup de feu ?

JACQUES. Par un coup de feu.

LE MAÎTRE. Tu ne m'en as jamais dit un mot.

JACQUES. Je le crois bien.

LE MAÎTRE. Et pourquoi cela ?

JACQUES. C'est que cela ne pouvait être dit ni plus tôt ni plus tard.

LE MAÎTRE. Et le moment d'apprendre ces amours est-il venu ?

JACQUES. Qui le sait ?

LE MAÎTRE. À tout hasard, commence toujours... »

Jacques commença l'histoire de ses amours. C'était l'après-dîner : il faisait un temps lourd ; son maître s'endormit. La nuit les surprit au milieu des champs ; les voilà fourvoyés. Voilà le maître dans une colère terrible et tombant à grands coups de fouet sur son valet, et le pauvre diable disant à chaque coup : « Celui-là était apparemment encore écrit là-haut... »

Vous voyez, lecteur, que je suis en beau chemin, et qu'il ne tiendrait qu'à moi de vous faire attendre un an, deux ans, trois ans, le récit des amours de Jacques, en le séparant de son maître et en leur faisant courir à chacun tous les hasards qu'il me plairait. Qu'est-ce qui m'empêcherait de marier le maître et de le faire cocu ? d'embarquer Jacques pour les îles ? d'y conduire son maître ? de les ramener tous les deux en France sur le même vaisseau ? Qu'il est facile de faire des contes ! Mais ils en seront quittes l'un et l'autre pour une mauvaise nuit, et vous pour ce délai.

<div align="right">Diderot, Jacques le Fataliste, 1771.</div>

1. **avait son billet** : ici, avait sa destination fixée.

Corpus

Texte A : Extrait du chapitre premier de *Candide* de Voltaire (p. 25, ligne 1, à p. 26, ligne 31).

Texte B : Lettre I des *Lettres persanes* de Montesquieu (pp. 33-34).

Texte C : Scène 1 de *L'Île des esclaves* de Marivaux (pp. 34-37).

Texte D : Incipit de *Jacques le Fataliste* de Diderot (pp. 37-38).

Examen des textes

1 Étudiez les marques de l'épistolaire* dans le texte B.

2 Relevez les marques de la théâtralité dans le texte C.

3 Relevez les marques des statuts sociaux dans le texte C.

4 Étudiez les marques de l'énonciation* dans le texte D.

5 En quoi le premier paragraphe du texte D donne-t-il au lecteur l'impression que l'ouverture du roman est une sorte d'anti-exposition ?

6 Dans quelle mesure les quatre textes cherchent-ils à séduire le lecteur ou le spectateur ?

Travaux d'écriture

Question préliminaire

Montrez que, par-delà leur diversité de genre et de registre*, les quatre œuvres affichent, dès leur ouverture, une volonté de dépasser la pure fiction pour présenter une réflexion sur le monde.

Commentaire

Vous ferez le commentaire de la première page de *Jacques le Fataliste*.

Dissertation

Boileau, dans son *Art poétique*, indique quelles sont, selon lui, les qualités d'une bonne exposition au théâtre :

> « *Que, dès les premiers vers, l'action préparée*
> *Sans peine du sujet aplanisse l'entrée.* »

* *Cf.* Lexique.

Sans vous limiter au théâtre et en vous référant à la fois aux textes proposés ici, à vos lectures et aux représentations auxquelles vous avez pu assister, dites si le conseil de Boileau vous paraît être appliqué.

Écriture d'invention

Écrivez, sous une forme inspirée de *Candide*, la première page d'un conte qui reprendrait la situation initiale* exposée par Marivaux dans *L'Île des esclaves*.

* Cf. Lexique.

Chapitre deuxième

Ce que devint Candide parmi les Bulgares

Candide, chassé du paradis terrestre[1], marcha longtemps sans savoir où, pleurant, levant les yeux au ciel, les tournant souvent vers le plus beau des châteaux, qui renfermait la plus belle des baronnettes[2] ; il se coucha sans souper au milieu des champs entre
5 deux sillons ; la neige tombait à gros flocons. Candide, tout transi, se traîna le lendemain vers la ville voisine, qui s'appelle Valdberghoff-trarbk-dikdorff[3], n'ayant point d'argent, mourant de faim et de lassitude. Il s'arrêta tristement à la porte d'un cabaret.

Deux hommes habillés de bleu[4] le remarquèrent : « Camarade,
10 dit l'un, voilà un jeune homme très bien fait, et qui a la taille requise. » Ils s'avancèrent vers Candide, et le prièrent à dîner très

notes

1. paradis terrestre : allusion au jardin d'Éden de la Bible d'où Adam et Ève furent chassés.
2. baronnettes : néologisme construit

grâce au suffixe à valeur affective.
3. Valdberghoff-trarbk-dikdorff : mot inventé à consonance allemande ; *Wald* (forêt), *Berg*

(montagne), *Hof* (cour), *Trabkf* (gageure dérisoire), *Dick* (épais), *Dorf* (village).
4. Deux hommes [...] bleu : soldats prussiens chargés du recrutement.

civilement. « Messieurs, leur dit Candide avec une modestie charmante, vous me faites beaucoup d'honneur, mais je n'ai pas de quoi payer mon écot[1]. – Ah ! monsieur, lui dit un des bleus, les personnages de votre figure et de votre mérite ne payent jamais rien : n'avez-vous pas cinq pieds cinq pouces[2] de haut ? – Oui, messieurs, c'est ma taille, dit-il en faisant la révérence. – Ah ! monsieur, mettez-vous à table ; non seulement nous vous défrayerons[3], mais nous ne souffrirons jamais qu'un homme comme vous manque d'argent ; les hommes ne sont faits que pour se secourir les uns les autres. – Vous avez raison, dit Candide ; c'est ce que monsieur Pangloss m'a toujours dit, et je vois bien que tout au mieux. » On le prie d'accepter quelques écus, il les prend et veut faire son billet[4], on n'en veut point, on se met à table. « N'aimez-vous pas tendrement ?... – Oh ! oui, répond-il, j'aime tendrement mademoiselle Cunégonde. – Non, dit l'un de ces messieurs, nous vous demandons si vous n'aimez pas tendrement le roi des Bulgares[5] ? – Point du tout, dit-il, car je ne l'ai jamais vu. – Comment ! c'est le plus charmant des rois, et il faut boire à sa santé. – Oh ! très volontiers, messieurs. » Et il boit. « C'en est assez, lui dit-on, vous voilà l'appui, le soutien, le défenseur, le héros des Bulgares ; votre fortune est faite, et votre gloire est assurée. » On lui met sur-le-champ les fers aux pieds, et on le mène au régiment. On le fait tourner à droite, à gauche, hausser la baguette, remettre la baguette[6], coucher en joue, tirer, doubler le pas, et on lui donne trente coups de bâton ; le lendemain, il fait l'exercice un peu moins mal, et il ne reçoit que vingt coups ; le surlendemain, on ne lui en donne que dix, et il est regardé par ses camarades comme un prodige.

notes

1. payer mon écot : payer ma part.

2. cinq pieds cinq pouces : environ 1,80 m.

3. nous vous défrayerons : nous payerons vos dépenses.

4. faire son billet : signer une reconnaissance de dette.

5. Bulgares : ce nom renvoie à des tribus installées en Turquie et en Russie, il ne désigne pas un pays défini.

6. hausser [...], remettre la baguette : manœuvres consistant à charger le fusil à l'aide d'une tige d'acier que l'on entre dans le canon.

Candide, tout stupéfait, ne démêlait pas encore trop bien com-
40 ment il était un héros. Il s'avisa un beau jour de printemps de s'al-
ler promener, marchant tout droit devant lui, croyant que c'était
un privilège de l'espèce humaine, comme de l'espèce animale, de
se servir de ses jambes à son plaisir. Il n'eut pas fait deux lieues[1]
que voilà quatre autres héros de six pieds qui l'atteignent, qui le
45 lient, qui le mènent dans un cachot. On lui demanda juridique-
ment ce qu'il aimait le mieux, d'être fustigé[2] trente-six fois par
tout le régiment, ou de recevoir à la fois douze balles de plomb
dans la cervelle. Il eut beau dire que les volontés sont libres, et
qu'il ne voulait ni l'un ni l'autre, il fallut faire un choix : il se
50 détermina, en vertu du don de Dieu qu'on nomme *liberté,* à pas-
ser trente-six fois par les baguettes ; il essuya deux promenades.
Le régiment était composé de deux mille hommes. Cela lui com-
posa quatre mille coups de baguettes, qui, depuis la nuque du cou
jusqu'au cul, lui découvrirent les muscles et les nerfs. Comme on
55 allait procéder à la troisième course, Candide, n'en pouvant plus,
demanda en grâce qu'on voulût bien avoir la bonté de lui casser
la tête : il obtint cette faveur ; on lui bande les yeux ; on le fait
mettre à genoux. Le roi des Bulgares passe dans ce moment, s'in-
forme du crime du patient ; et comme ce roi avait un grand
60 génie, il comprit, par tout ce qu'il apprit de Candide, que c'était
un jeune métaphysicien fort ignorant des choses de ce monde, et
il lui accorda sa grâce avec une clémence qui sera louée dans tous
les journaux et dans tous les siècles. Un brave chirurgien guérit
Candide en trois semaines avec les émollients[3] enseignés par
65 Dioscoride[4]. Il avait déjà un peu de peau, et pouvait marcher,
quand le roi des Bulgares livra bataille au roi des Abares[5].

notes

1. deux lieues : mesure
variable ; le plus souvent,
une lieue correspond à 4 km.

2. fustigé : corrigé à coups
de bâton.

3. émollients : produits qui
détendent, qui amollissent
les tissus.

4. Dioscoride : médecin grec
du I^{er} siècle après J.-C.

5. Abares : peuple d'origine
mongole qui envahit
l'Europe orientale du VI^e au
IX^e siècle.

Candide, en habit de soldat bulgare, fuit les horreurs de la guerre, gravure de Jacques-Joseph Corny.

chapitre troisième

Comment Candide se sauva d'entre les Bulgares[1], et ce qu'il devint

Rien n'était si beau, si leste[2], si brillant, si bien ordonné que les deux armées. Les trompettes, les fifres[3], les hautbois, les tambours, les canons, formaient une harmonie telle qu'il n'y en eut jamais en enfer. Les canons renversèrent d'abord à peu près six mille hommes de chaque côté ; ensuite la mousqueterie[4] ôta du meilleur des mondes environ neuf à dix mille coquins[5] qui en infectaient la surface. La baïonnette fut aussi la raison suffisante[6] de la mort de quelques milliers d'hommes. Le tout pouvait bien se monter à une trentaine de mille âmes[7]. Candide, qui tremblait

notes

1. Bulgares : ce nom renvoie à des tribus installées en Turquie et en Russie, il ne désigne pas un pays défini.

2. si leste : si élégant.

3. fifres : petites flûtes en bois.

4. mousqueterie : salve, décharge de mousquets (fusils anciens).

5. coquins : roturiers, personnes de modeste condition.

6. raison suffisante : terme de la philosophie de Leibniz.

7. âmes : au sens métaphysique ou au sens des statistiques.

10 comme un philosophe, se cacha du mieux qu'il put pendant cette boucherie héroïque.

Enfin, tandis que les deux rois faisaient chanter des *Te Deum*[1] chacun dans son camp, il prit le parti d'aller raisonner ailleurs des effets et des causes[2]. Il passa par-dessus des tas de morts et de 15 mourants, et gagna d'abord un village voisin ; il était en cendres : c'était un village abare[3] que les Bulgares avaient brûlé, selon les lois du droit public[4]. Ici des vieillards criblés de coups regardaient mourir leurs femmes égorgées, qui tenaient leurs enfants à leurs mamelles sanglantes ; là des filles, éventrées après avoir assouvi les 20 besoins naturels de quelques héros, rendaient les derniers soupirs ; d'autres, à demi brûlées, criaient qu'on achevât de leur donner la mort. Des cervelles étaient répandues sur la terre à côté de bras et de jambes coupés.

Candide s'enfuit au plus vite dans un autre village : il apparte-25 nait à des Bulgares, et les héros abares l'avaient traité de même. Candide, toujours marchant sur des membres palpitants, ou à travers des ruines, arriva enfin hors du théâtre[5] de la guerre, portant quelques petites provisions dans son bissac[6], et n'oubliant jamais mademoiselle Cunégonde. Ses provisions lui manquèrent quand 30 il fut en Hollande[7] ; mais ayant entendu dire que tout le monde était riche dans ce pays-là, et qu'on y était chrétien, il ne douta pas qu'on ne le traitât aussi bien qu'il l'avait été dans le château de monsieur le baron, avant qu'il en eût été chassé pour les beaux yeux de mademoiselle Cunégonde.

notes ...

1. *Te Deum* : actions de grâces.

2. des effets et des causes : allusion à la philosophie de Leibniz.

3. abare : relatif au peuple d'origine mongole qui envahit l'Europe orientale du VIe au IXe siècle.

4. droit public : droit international qui régit les relations entre les États.

5. théâtre : à prendre au sens figuré (lieu où se déroule un événement) et au sens propre.

6. bissac : sac à deux poches.

7. Hollande : Voltaire apprécie la Hollande et on trouve certains points communs entre la représentation de ce pays et la métairie du chapitre 30.

35 Il demanda l'aumône à plusieurs graves[1] personnages qui lui répondirent tous que, s'il continuait à faire ce métier, on l'enfermerait dans une maison de correction pour lui apprendre à vivre.

 Il s'adressa ensuite à un homme[2] qui venait de parler tout seul une heure de suite sur la charité dans une grande assemblée. Cet

40 orateur, le regardant de travers, lui dit : « Que venez-vous faire ici ? y êtes-vous pour la bonne cause ? – Il n'y a point d'effet sans cause, répondit modestement Candide ; tout est enchaîné nécessairement et arrangé pour le mieux. Il a fallu que je fusse chassé d'auprès de mademoiselle Cunégonde, que j'aie passé par les

45 baguettes, et il faut que je demande mon pain, jusqu'à ce que je puisse en gagner ; tout cela ne pouvait être autrement. – Mon ami, lui dit l'orateur, croyez-vous que le pape soit l'Antéchrist[3] ? – Je ne l'avais pas encore entendu dire, répondit Candide ; mais, qu'il le soit ou qu'il ne le soit pas, je manque de pain. – Tu ne

50 mérites pas d'en manger, dit l'autre ; va, coquin ; va, misérable, ne m'approche de ta vie. » La femme de l'orateur ayant mis la tête à la fenêtre, et avisant un homme qui doutait que le pape fût antéchrist, lui répandit sur le chef[4] un plein... Ô Ciel ! à quel excès se porte le zèle de la religion dans les dames !

55 Un homme qui n'avait point été baptisé, un bon anabaptiste[5], nommé Jacques, vit la manière cruelle et ignominieuse[6] dont on traitait ainsi un de ses frères, un être à deux pieds[7] sans plumes, qui avait une âme ; il l'emmena chez lui, le nettoya, lui donna du pain et de la bière, lui fit présent de deux florins[8], et voulut même

notes

1. graves : importants, qui ont de l'autorité.

2. un homme : sans doute un pasteur protestant, dont Voltaire critique l'intolérance.

3. Antéchrist : ennemi du Christ selon le livre de l'Apocalypse.

4. chef : tête (*cf. couvre-chef* = chapeau).

5. anabaptiste : membre d'une église protestante qui prône le baptême des adultes plutôt que celui des enfants.

6. ignominieuse : honteuse, infâme.

7. un être à deux pieds [...] : définition à la manière des naturalistes.

8. florins : monnaie en usage en Hollande (on peut vivre plusieurs jours avec deux florins).

60 lui apprendre à travailler[1] dans ses manufactures aux étoffes de Perse qu'on fabrique en Hollande. Candide, se prosternant presque devant lui, s'écriait : « Maître Pangloss me l'avait bien dit que tout est au mieux dans ce monde, car je suis infiniment plus touché de votre extrême générosité que de la dureté de ce mon-

65 sieur à manteau noir, et de madame son épouse. »

Le lendemain, en se promenant, il rencontra un gueux[2] tout couvert de pustules, les yeux morts, le bout du nez rongé, la bouche de travers, les dents noires, et parlant de la gorge, tourmenté d'une toux violente, et crachant une dent à chaque effort.

**Le soldat Candide à la guerre,
gravure d'Adrien Moreau d'après Huyot.**

notes

| **1. travailler :** *cf.* note sur la Hollande, p. 46. | **2. gueux :** pauvre misérable. |

Chapitre quatrième

Comment Candide rencontra son ancien maître de philosophie, le docteur Pangloss, et ce qui en advint

Candide, plus ému encore de compassion que d'horreur, donna à cet épouvantable gueux les deux florins qu'il avait reçus de son honnête anabaptiste[1] Jacques. Le fantôme le regarda fixement, versa des larmes, et sauta à son cou. Candide, effrayé, recule.
5 « Hélas ! dit le misérable à l'autre misérable, ne reconnaissez-vous plus votre cher Pangloss ? – Qu'entends-je ? Vous, mon cher maître ! vous, dans cet état horrible ! Quel malheur vous est-il donc arrivé ? Pourquoi n'êtes-vous plus dans le plus beau des châteaux ? Qu'est devenue mademoiselle Cunégonde, la perle
10 des filles, le chef-d'œuvre de la nature ? – Je n'en peux plus », dit Pangloss. Aussitôt Candide le mena dans l'étable[2] de l'anabaptiste,

notes

1. anabaptiste : membre d'une église protestante qui prône le baptême des adultes plutôt que celui des enfants.

2. étable : ici, au sens d'écurie.

49

où il lui fit manger un peu de pain ; et quand Pangloss fut refait[1] : « Eh bien ! lui dit-il, Cunégonde ? – Elle est morte », reprit l'autre. Candide s'évanouit à ce mot ; son ami rappela ses sens

15 avec un peu de mauvais vinaigre qui se trouva par hasard dans l'étable. Candide rouvre les yeux. « Cunégonde est morte ! Ah ! meilleur des mondes, où êtes-vous ? Mais de quelle maladie est-elle morte ? Ne serait-ce point de m'avoir vu chassé du beau château de monsieur son père à grands coups de pied ? – Non,

20 dit Pangloss, elle a été éventrée par des soldats bulgares[2], après avoir été violée autant qu'on peut l'être ; ils ont cassé la tête à monsieur le baron, qui voulait la défendre ; madame la baronne a été coupée en morceaux ; mon pauvre pupille[3], traité précisément comme sa sœur ; et quant au château, il n'est pas resté

25 pierre sur pierre, pas une grange, pas un mouton, pas un canard, pas un arbre ; mais nous avons été bien vengés, car les Abares[4] en ont fait autant dans une baronnie voisine qui appartenait à un seigneur bulgare. »

À ce discours, Candide s'évanouit encore ; mais, revenu à soi

30 et ayant dit tout ce qu'il devait dire, il s'enquit de[5] la cause et de l'effet[6], et de la raison suffisante[7] qui avaient mis Pangloss dans un si piteux état. « Hélas ! dit l'autre, c'est l'amour : l'amour, le consolateur du genre humain, le conservateur de l'univers, l'âme de tous les êtres sensibles, le tendre amour. – Hélas ! dit Candide, je

35 l'ai connu, cet amour, ce souverain des cœurs, cette âme de notre âme ; il ne m'a jamais valu qu'un baiser et vingt coups de pied au cul. Comment cette belle cause a-t-elle pu produire en vous un effet si abominable ? »

notes ··

1. **refait** : restauré, nourri.
2. **bulgares** : relatif aux tribus installées en Turquie et en Russie (ne désigne pas un pays défini).
3. **pupille** : ici, élève (le fils du baron).

4. **Abares** : peuple d'origine mongole qui envahit l'Europe orientale du VIe au IXe siècle.
5. **s'enquit de** : chercha.

6. **de la cause et de l'effet** : allusion aux *Essais de théodicée* de Leibniz.
7. **raison suffisante** : terme de la philosophie de Leibniz.

Pangloss répondit en ces termes : « Ô mon cher Candide ! vous
40 avez connu Paquette, cette jolie suivante de notre auguste
baronne ; j'ai goûté dans ses bras les délices du paradis, qui ont
produit ces tourments d'enfer dont vous me voyez dévoré ; elle
en était infectée, elle en est peut-être morte. Paquette tenait ce
présent d'un cordelier[1] très savant qui avait remonté à la source,
45 car il l'avait eu d'une vieille comtesse, qui l'avait reçu d'un capi-
taine de cavalerie, qui le devait à une marquise, qui le tenait d'un
page, qui l'avait reçu d'un jésuite qui, étant novice[2], l'avait eu en
droite ligne d'un des compagnons de Christophe Colomb. Pour
moi, je ne le donnerai à personne, car je me meurs.
50 – Ô Pangloss ! s'écria Candide, voilà une étrange généalogie !
n'est-ce pas le diable qui en fut la souche ? – Point du tout,
répliqua ce grand homme ; c'était une chose indispensable dans le
meilleur des mondes, un ingrédient nécessaire : car si Colomb
n'avait pas attrapé dans une île de l'Amérique cette maladie qui
55 empoisonne la source de la génération[3], qui souvent même
empêche la génération, et qui est évidemment l'opposé du grand
but de la nature, nous n'aurions ni le chocolat[4] ni la cochenille[5] ; il
faut encore observer que jusqu'aujourd'hui, dans notre continent,
cette maladie nous est particulière, comme la controverse[6]. Les
60 Turcs, les Indiens, les Persans, les Chinois, les Siamois[7], les Japonais,
ne la connaissent pas encore ; mais il y a une raison suffisante pour
qu'ils la connaissent à leur tour dans quelques siècles. En attendant,
elle a fait un merveilleux progrès parmi nous, et surtout dans ces
grandes armées composées d'honnêtes stipendiaires[8] bien élevés, qui
65 décident du destin des États ; on peut assurer que, quand trente mille

notes

1. cordelier : moine franciscain (ordre de saint François d'Assise).

2. novice : religieux qui vient de prendre l'habit et n'a pas encore prononcé ses vœux définitifs.

3. la source de la génération : les organes de la reproduction.

4. chocolat : introduit par les Espagnols à partir du XVIᵉ siècle.

5. cochenille : les Mexicains tiraient de cette chenille un colorant écarlate.

6. controverse : querelle idéologique ou théologique.

7. Siamois : Thaïlandais.

8. stipendiaires : mercenaires.

hommes combattent en bataille rangée contre des troupes égales en nombre, il y a environ vingt mille vérolés[1] de chaque côté.

— Voilà qui est admirable, dit Candide ; mais il faut vous faire guérir. — Et comment le puis-je ? dit Pangloss ; je n'ai pas le sou, mon ami, et dans toute l'étendue de ce globe on ne peut ni se faire saigner, ni prendre un lavement sans payer, ou sans qu'il y ait quelqu'un qui paye pour nous. »

Candide (Jean-Pierre Cassel)
retrouve Pangloss (Pierre Brasseur) et lui porte secours,
scène extraite du film de Norbert Carbonnaux (1960).

note

| **1. vérolés** : atteints de la syphilis (M.S.T.).

Ce dernier discours détermina Candide ; il alla se jeter aux pieds de son charitable anabaptiste Jacques, et lui fit une peinture si tou-
75 chante de l'état où son ami était réduit, que le bonhomme n'hésita pas à recueillir le docteur Pangloss ; il le fit guérir à ses dépens. Pangloss, dans la cure, ne perdit qu'un œil et une oreille. Il écrivait bien et savait parfaitement l'arithmétique. L'anabaptiste Jacques en fit son teneur de livres[1]. Au bout de deux mois, étant obligé d'aller
80 à Lisbonne pour les affaires de son commerce, il mena dans son vaisseau ses deux philosophes. Pangloss lui expliqua comment tout était on ne peut mieux. Jacques n'était pas de cet avis. « Il faut bien, disait-il, que les hommes aient un peu corrompu la nature, car ils ne sont point nés loups, et ils sont devenus loups[2]. Dieu ne leur a donné ni
85 canons de vingt-quatre[3], ni baïonnettes ; et ils se sont fait des baïonnettes et des canons pour se détruire. Je pourrais mettre en ligne de compte les banqueroutes, et la justice, qui s'empare des biens des banqueroutiers pour en frustrer les créanciers. – Tout cela était indispensable, répliquait le docteur borgne, et les malheurs particuliers
90 font le bien général ; de sorte que plus il y a de malheurs particuliers, et plus tout est bien. » Tandis qu'il raisonnait, l'air s'obscurcit, les vents soufflèrent des quatre coins du monde, et le vaisseau fut assailli de la plus horrible tempête, à la vue du port de Lisbonne.

notes

1. teneur de livres : comptable.
2. loups : allusion à une formule de Plaute, « *Homo*

homini lupus » (« L'homme est un loup pour l'homme »), reprise par le philosophe Hobbes (*Léviathan*).

3. canons de vingt-quatre : canons tirant des boulets de 24 livres (environ 7,5 kg) ; le plus gros canon à l'époque.

chapitre cinquième

Tempête, naufrage, tremblement de terre, et ce qui advint du docteur Pangloss, de Candide et de l'anabaptiste[1] Jacques

La moitié des passagers affaiblis, expirants de ces angoisses inconcevables que le roulis d'un vaisseau porte dans les nerfs et dans toutes les humeurs[2] du corps agitées en sens contraires, n'avait pas même la force de s'inquiéter du danger. L'autre moitié jetait des
5 cris et faisait des prières ; les voiles étaient déchirées, les mâts brisés, le vaisseau entrouvert. Travaillait qui pouvait, personne ne s'entendait, personne ne commandait. L'anabaptiste aidait un peu à la manœuvre ; il était sur le tillac[3] ; un matelot furieux le frappe rudement et l'étend sur les planches ; mais du coup qu'il lui
10 donna, il eut lui-même une si violente secousse qu'il tomba hors

notes

1. anabaptiste : membre d'une église protestante qui prône le baptême des adultes plutôt que celui des enfants.

2. humeurs : liquides (au nombre de quatre selon la médecine de l'époque) contenus dans le corps

humain et engendrant différents tempéraments.
3. tillac : pont supérieur du navire.

du vaisseau, la tête la première. Il restait suspendu et accroché à une partie de mât rompue. Le bon Jacques court à son secours, l'aide à remonter, et de l'effort qu'il fait il est précipité dans la mer à la vue du matelot, qui le laissa périr sans daigner seulement le regarder. Candide approche, voit son bienfaiteur qui reparaît un moment, et qui est englouti pour jamais. Il veut se jeter après lui dans la mer : le philosophe Pangloss l'en empêche, en lui prouvant que la rade de Lisbonne avait été formée exprès pour que cet anabaptiste s'y noyât. Tandis qu'il le prouvait *a priori*[1], le vaisseau s'entrouvre ; tout périt, à la réserve de Pangloss, de Candide, et de ce brutal de matelot qui avait noyé le vertueux anabaptiste : le coquin[2] nagea heureusement[3] jusqu'au rivage, où Pangloss et Candide furent portés sur une planche.

Quand ils furent revenus un peu à eux, il marchèrent vers Lisbonne ; il leur restait quelque argent, avec lequel ils espéraient se sauver de la faim après avoir échappé à la tempête.

À peine ont-ils mis le pied dans la ville, en pleurant la mort de leur bienfaiteur, qu'ils sentent la terre trembler sous leurs pas ; la mer s'élève en bouillonnant dans le port, et brise les vaisseaux qui sont à l'ancre. Des tourbillons de flammes et de cendres couvrent les rues et les places publiques ; les maisons s'écroulent, les toits sont renversés sur les fondements, et les fondements se dispersent ; trente mille habitants de tout âge et de tout sexe sont écrasés sous des ruines. Le matelot disait en sifflant et en jurant : « Il y aura quelque chose à gagner ici. – Quelle peut être la raison suffisante[4] de ce phénomène ? disait Pangloss. – Voici le dernier jour du monde ! » s'écriait Candide. Le matelot court incontinent[5] au milieu des débris, affronte la mort pour trouver de l'argent, en

notes

1. *a priori* : en théorie, avant toute expérimentation.

2. coquin : roturier, personne de modeste condition.

3. heureusement : avec succès.

4. raison suffisante : terme de la philosophie de Leibniz.

5. incontinent : immédiatement.

Ruines de Lisbonne après le tremblement de terre et l'incendie du 1er novembre 1755, gravure d'après un dessin d'après nature de Paris et Pedegsche.

trouve, s'en empare, s'enivre, et, ayant cuvé son vin, achète les
40 faveurs de la première fille de bonne volonté qu'il rencontre sur
les ruines des maisons détruites, et au milieu des mourants et des
morts. Pangloss le tirait cependant[1] par la manche : « Mon ami,
lui disait-il, cela n'est pas bien, vous manquez à la raison univer-
selle, vous prenez mal votre temps. – Tête et sang, répondit l'autre,
45 je suis matelot et né à Batavia[2] ; j'ai marché quatre fois sur le cru-
cifix[3] dans quatre voyages au Japon ; tu as bien trouvé ton homme
avec ta raison universelle ! »

Quelques éclats de pierre avaient blessé Candide ; il était éten-
du dans la rue et couvert de débris. Il disait à Pangloss : « Hélas !
50 procure-moi un peu de vin et d'huile[4] ; je me meurs. – Ce trem-
blement de terre n'est pas une chose nouvelle, répondit Pangloss ;
la ville de Lima éprouva les mêmes secousses en Amérique l'an-
née passée ; mêmes causes, mêmes effets : il y a certainement une
traînée de soufre sous terre depuis Lima jusqu'à Lisbonne. – Rien
55 n'est plus probable, dit Candide ; mais, pour Dieu, un peu d'huile
et de vin. – Comment, probable ? répliqua le philosophe, je sou-
tiens que la chose est démontrée. » Candide perdit connaissance,
et Pangloss lui apporta un peu d'eau d'une fontaine voisine.

Le lendemain, ayant trouvé quelques provisions de bouche[5] en
60 se glissant à travers des décombres, ils réparèrent un peu leurs
forces. Ensuite ils travaillèrent comme les autres à soulager les
habitants échappés à la mort. Quelques citoyens, secourus par
eux, leur donnèrent un aussi bon dîner qu'on le pouvait dans un
tel désastre : il est vrai que le repas était triste ; les convives arro-
65 saient leur pain de leurs larmes, mais Pangloss les consola, en
les assurant que les choses ne pouvaient être autrement : « Car,

notes

1. cependant : pendant
ce temps.
2. Batavia : Djakarta.
3. marché [...] crucifix :
condition vexatoire imposée

par les Japonais aux
commerçants hollandais.
4. un peu [...] d'huile :
le vin lave la plaie et l'huile
est un calmant ; c'est une

allusion à la parabole
du Bon Samaritain (Évangile
de saint Luc).
5. provisions de bouche :
nourriture.

dit-il, tout ceci est ce qu'il y a de mieux ; car s'il y a un volcan à Lisbonne, il ne pouvait être ailleurs ; car il est impossible que les choses ne soient pas où elles sont ; car tout est bien. »

70 Un petit homme noir, familier[1] de l'Inquisition[2], lequel était à côté de lui, prit poliment la parole et dit : « Apparemment que monsieur ne croit pas au péché originel ; car si tout est au mieux, il n'y a donc eu ni chute ni punition. – Je demande très humblement pardon à Votre Excellence, répondit Pangloss encore plus

75 poliment, car la chute de l'homme et la malédiction entraient nécessairement dans le meilleur des mondes possibles. – Monsieur ne croit donc pas à la liberté ? dit le familier. – Votre Excellence m'excusera, dit Pangloss ; la liberté peut subsister avec la nécessité absolue : car il était nécessaire que nous fussions libres ; car enfin

80 la volonté déterminée... » Pangloss était au milieu de sa phrase, quand le familier fit un signe de tête à son estafier[3] qui lui servait à boire du vin de Porto ou d'Oporto[4].

notes

1. familier : ici, grade subalterne de l'Inquisition.
2. Inquisition : tribunal ecclésiastique institué en 1231, par le pape

Grégoire IX, pour juger les crimes d'hérésie, de magie ou de sorcellerie.
3. estafier : homme de main.

4. Oporto : autre nom du vin de Porto en usage au XVIIIe siècle.

chapitre sixième

Comment on fit un bel auto-da-fé[1] pour empêcher les tremblements de terre, et comment Candide fut fessé

Après le tremblement de terre qui avait détruit les trois quarts de Lisbonne, les sages du pays n'avaient pas trouvé un moyen plus efficace pour prévenir une ruine totale que de donner au peuple un bel auto-da-fé ; il était décidé par l'université de Coïmbre[2] que le spectacle de quelques personnes brûlées à petit feu, en grande cérémonie, est un secret infaillible pour empêcher la terre de trembler.

On avait en conséquence saisi un Biscayen[3] convaincu d'avoir épousé sa commère[4], et deux Portugais qui en mangeant un poulet en avaient arraché le lard[5] : on vint lier après le dîner le docteur

passage analysé

10 Pangloss et son disciple Candide, l'un pour avoir parlé, et l'autre pour avoir écouté avec un air d'approbation : tous deux furent menés séparément dans des appartements d'une extrême fraîcheur, dans lesquels on n'était jamais incommodé du soleil ; huit jours après ils furent tous deux revêtus d'un *san-benito*[1], et on orna leurs

15 têtes de mitres[2] de papier : la mitre et le san-benito de Candide étaient peints de flammes renversées et de diables qui n'avaient ni queues ni griffes ; mais les diables de Pangloss portaient griffes et queues, et les flammes étaient droites. Ils marchèrent en procession ainsi vêtus, et entendirent un sermon très pathétique, suivi d'une

20 belle musique en faux-bourdon[3]. Candide fut fessé[4] en cadence, pendant qu'on chantait ; le Biscayen et les deux hommes qui n'avaient point voulu manger de lard furent brûlés, et Pangloss fut pendu, quoique ce ne soit pas la coutume. Le même jour, la terre trembla de nouveau avec un fracas épouvantable.

25 Candide, épouvanté, interdit[5], éperdu, tout sanglant, tout palpitant, se disait à lui-même : « Si c'est ici le meilleur des mondes possibles, que sont donc les autres ? Passe encore si je n'étais que fessé, je l'ai été chez les Bulgares[6] ; mais, ô mon cher Pangloss ! le plus grand des philosophes, faut-il vous avoir vu pendre, sans que je sache pour-

30 quoi ! Ô mon cher anabaptiste[7] ! le meilleur des hommes, faut-il que vous ayez été noyé dans le port ! Ô mademoiselle Cunégonde ! la perle des filles, faut-il qu'on vous ait fendu le ventre ! »

 Il s'en retournait, se soutenant à peine, prêché, fessé, absous et béni, lorsqu'une vieille l'aborda, et lui dit : « Mon fils, prenez

35 courage, suivez-moi. »

suite, p. 74

notes

1. *san-benito* : vêtement rituel porté par les victimes de l'Inquisition.

2. mitres : coiffures pointues (portées par les évêques).

3. faux-bourdon : accords accompagnant le chant grégorien.

4. fessé : invention de Voltaire à la place de *fouetté*.

5. interdit : déconcerté.

6. Bulgares : ce nom renvoie à des tribus installées en Turquie et en Russie, il ne désigne pas un pays défini.

7. anabaptiste : membre d'une église protestante qui prône le baptême des adultes plutôt que celui des enfants.

**Dessin original de Georges Wolinski pour l'édition
de *Candide* publiée en 1994 aux éditions du Chêne.**

Le « bel auto-da-fé »

Lecture analytique du chapitre sixième, pp. 59 et 60.

Candide est constitué de trente chapitres qui se suivent un peu comme les maillons d'une chaîne, constituant à la fois des épisodes indépendants et des étapes dans la progression du héros. Le chapitre 6 est centré sur la cérémonie de l'autodafé. Si Candide et Pangloss demeurent les personnages principaux, on y rencontre aussi des personnages dont on n'entendra plus parler par la suite, tels que le Biscayen ou les deux Portugais.

Dans ce passage, Voltaire s'en prend à l'Inquisition, un tribunal ecclésiastique fondé au Moyen Âge et chargé de garantir les règles catholiques en condamnant les hérétiques. La persécution des hérétiques a été particulièrement active en Espagne et au Portugal où elle visait notamment les juifs. Cependant, au XVIIIe siècle, l'Inquisition n'est plus aussi active qu'au XVIe siècle ; elle condamne rarement à mort et s'en prend peu aux délits d'opinion, jugeant essentiellement des faits tels que la bigamie ou le blasphème. Ainsi, ce n'est sans doute pas exclusivement l'institution de l'Inquisition que condamne Voltaire, mais plutôt toute forme d'obscurantisme religieux et de dogmatisme.

Une nouvelle péripétie

Les épisodes d'un récit, dans le roman d'aventures, peuvent souvent être lus de deux manières. Ils constituent des petits récits à part entière, ayant leur propre schéma narratif*. Mais ils entretiennent également des relations avec les autres épisodes afin d'assurer la cohérence de l'ensemble de l'œuvre.

* *Cf.* Lexique.

Le genre narratif possède ses marques spécifiques. Il faut d'abord regarder du côté du temps, car c'est justement le déroulement temporel qui définit le récit, à la différence, par exemple, de la description qui fonctionne comme une sorte d'arrêt sur image. On étudiera donc les indices temporels, l'enchaînement des événements, le temps des verbes. Puis on s'intéressera aux acteurs du récit en les classant ou en examinant leurs différents rôles.

Le récit comme maillon du conte

❶ Quels liens les chapitres 5 et 6 entretiennent-ils ?
❷ Quels liens les chapitres 6 et 7 entretiennent-ils ?
❸ Quel passage, dans le chapitre 8, est à nouveau un récit de la cérémonie ?
❹ Quel rôle joue le discours de Candide à la fin du chapitre 6 (l. 26 à 32) ?

Les marques du récit

❺ Quel est le temps dominant du début à la ligne 9 ? Commentez son emploi.
❻ Quels sont les temps dominants dans la suite du deuxième paragraphe ? Commentez leur utilisation.
❼ Quelles sont les étapes successives du chapitre 6 ?
❽ Classez les personnages en allant du singulier au collectif.
❾ Qu'est-ce qui rapproche et qu'est-ce qui différencie Candide de Pangloss ?

Les procédés comiques

La cérémonie décrite dans le chapitre 6 est un événement sans aucun doute tragique* puisque l'épisode s'achève sur l'exécution de quatre des cinq condamnés. Pourtant, Voltaire, par le recours de différents procédés* comiques, fait sourire le lecteur.

* Cf. Lexique.

L'absurde consiste à mettre en corrélation deux événements qui n'ont rien de commun, à poser des liens logiques là où il n'y en a pas, à introduire un décalage entre un fait et son interprétation, de façon que l'événement paraisse étrange et dépourvu de sens.

L'humour consiste à traiter de manière légère un événement tragique*. Tous les procédés* d'atténuation, comme la périphrase* ou l'euphémisme*, peuvent être mis au service du registre* humoristique.

L'ironie, qui s'appuie principalement sur le procédé de l'antiphrase*, consiste à dire le contraire de ce que l'on pense. Ainsi l'éloge de l'autodafé s'avère-t-il être, en réalité, une sévère critique. L'écriture ironique, qui englobe l'absurde et l'humour, joue sur l'implicite* et crée une grande connivence avec le lecteur qui comprend qu'il doit chercher le sens du texte par-delà la littéralité*. C'est un instrument efficace au service de la critique.

L'absurde

⑩ Mettez en relation les différents motifs de condamnation et les châtiments infligés.

⑪ Quels sont les événements qui encadrent la cérémonie de l'autodafé ?

L'humour

⑫ Comment Voltaire s'y prend-il pour ôter tout caractère sacré à la cérémonie ?

⑬ Quels procédés de style confèrent au récit sa tonalité humoristique ?

L'ironie

⑭ Relevez, dans le deuxième paragraphe, les éléments qui justifient l'expression « *grande cérémonie* » employée au début.

⑮ Quels procédés de style relèvent de l'ironie ?

⑯ Quel est l'intérêt de ces différentes formes de comiques ?

* *Cf.* Lexique.

La critique sous le masque de la comédie

Dans *Candide*, Voltaire déploie sous les yeux de son personnage – et sous ceux du lecteur – toute la mosaïque des malheurs possibles. Pour cela, il multiplie les personnages et les lieux de façon à dresser une sorte d'« encyclopédie » du Mal sur Terre. Ce tableau aux multiples facettes et aux multiples victimes est une réponse au « *meilleur des mondes* » exposé dans le premier chapitre. C'est une réponse à la théorie de l'optimisme telle que Pangloss, disciple de Leibniz selon Voltaire, l'incarne.

Si chaque épisode du conte complète la mosaïque du Mal, il véhicule également une critique plus ponctuelle, quoique souvent récurrente* : institutions religieuses, obscurantisme, fanatisme, dogmatisme...

................................ **La critique de l'optimisme**

⓱ Quels sont les procédés* utilisés pour accumuler les malheurs dans ce chapitre ?

................................ **La critique de l'obscurantisme**

⓲ Qui Voltaire attaque-t-il dans ce chapitre ?
⓳ Comment fonctionne l'énumération des adjectifs au début des troisième et quatrième paragraphes ? Quel est son rôle ?
⓴ Comment Voltaire dénonce-t-il le pas que l'apparence prend sur la réalité ?

* *Cf.* Lexique.

Scène de l'autodafé extraite de la mise en scène de Vincent Colin, théâtre de la Tempête, 1995.

Le sacrifice

Lectures croisées et travaux d'écriture

Dans le chapitre 6 de *Candide*, Voltaire s'en prend à l'Inquisition, une institution religieuse qui s'est rendue responsable de nombreuses chasses aux sorcières. Ces sorcières médiévales sont souvent des femmes simples d'esprit, fragiles, incapables de se défendre ; accusées de relation avec Satan ou de blasphèmes, elles sont brûlées sur la place publique. On assiste à ce genre de scènes dans *Notre-Dame de Paris* de Victor Hugo ou dans *Le Nom de la rose* d'Umberto Eco (adapté au cinéma par Jean-Jacques Annaud).

Le sacrifice – animal et même humain – est un rite courant dans les sociétés primitives ; il disparaît lorsque les institutions judiciaires sont capables d'assurer le bon équilibre social. Ce phénomène, qui caractérise les sociétés anciennes, a marqué notre littérature, et Voltaire n'est pas le seul à avoir abordé ce thème du sacrifice. Il est donc intéressant de voir à la fois la signification d'une telle cérémonie et le regard de différents auteurs (La Fontaine, Racine, Michel Tournier, René Girard) sur cette tradition sociale.

Jean de La Fontaine, *Les Animaux malades de la peste*

Afin de donner une représentation critique de la réalité sociale et politique de son temps, Jean de La Fontaine, reprenant le symbolisme populaire, attribue des rôles humains aux animaux qu'il met en scène dans de véritables petits drames*.*

> Un mal qui répand la terreur,
> Mal que le Ciel en sa fureur
> Inventa pour punir les crimes de la terre,
> La peste (puisqu'il faut l'appeler par son nom),
> Capable d'enrichir en un jour l'Achéron[1],
> Faisait aux animaux la guerre.

* *Cf.* Lexique.

Ils ne mouraient pas tous, mais tous étaient frappés :
 On n'en voyait point d'occupés
À chercher le soutien d'une mourante vie ;
 Nul mets n'excitait leur envie ;
 Ni loups ni renards n'épiaient
 La douce et l'innocente proie.
 Les tourterelles se fuyaient :
 Plus d'amour, partant plus de joie.
Le lion tint conseil, et dit : « Mes chers amis,
 Je crois que le Ciel a permis
 Pour nos péchés cette infortune ;
 Que le plus coupable de nous
Se sacrifie aux traits du céleste courroux ;
Peut-être il obtiendra la guérison commune.
L'histoire nous apprend qu'en de tels accidents
 On fait de pareils dévouements.
Ne nous flattons donc point ; voyons sans indulgence
 L'état de notre conscience.
Pour moi, satisfaisant mes appétits gloutons,
 J'ai dévoré force moutons.
 Que m'avaient-ils fait ? Nulle offense :
Même il m'est arrivé quelquefois de manger
 Le berger.
Je me dévouerai donc, s'il le faut ; mais je pense
Qu'il est bon que chacun s'accuse ainsi que moi :
Car on doit souhaiter, selon toute justice,
 Que le plus coupable périsse.
– Sire, dit le renard, vous êtes trop bon roi ;
Vos scrupules font voir trop de délicatesse.
Eh bien ! manger moutons, canaille, sotte espèce,
Est-ce un péché ? Non, non. Vous leur fîtes, Seigneur,
 En les croquant, beaucoup d'honneur.
 Et quant au berger, l'on peut dire
 Qu'il était digne de tous maux,
Étant de ces gens-là qui sur les animaux
 Se font un chimérique[2] empire. »
Ainsi dit le renard ; et flatteurs d'applaudir.
 On n'osa trop approfondir

Du tigre, ni de l'ours, ni des autres puissances,
 Les moins pardonnables offenses.
Tous les gens querelleurs, jusqu'aux simples mâtins[3],
Au dire de chacun, étaient de petits saints.
L'âne vint à son tour, et dit : « J'ai souvenance
 Qu'en un pré de moines passant,
La faim, l'occasion, l'herbe tendre, et, je pense,
 Quelque diable aussi me poussant,
Je tondis de ce pré la largeur de ma langue.
Je n'en avais nul droit, puisqu'il faut parler net. »
À ces mots on cria haro sur le baudet[4].
Un loup quelque peu clerc[5] prouva par sa harangue
Qu'il fallait dévouer ce maudit animal,
Ce pelé, ce galeux, d'où venait tout leur mal.
Sa peccadille fut jugée un cas pendable.
Manger l'herbe d'autrui ! quel crime abominable !
 Rien que la mort n'était capable
D'expier son forfait : on le lui fit bien voir.
Selon que vous serez puissant ou misérable,
Les jugements de cour vous rendront blanc ou noir.

Jean de La Fontaine, *Fables*, 1678.

1. Achéron : un des fleuves des Enfers, dans la mythologie grecque ; désigne ici l'enfer.
2. chimérique : sans fondement réel, illusoire. **3. mâtins** : gros chiens de garde ; hommes désagréables (sens figuré). **4. cria haro sur le baudet** : dénonça le baudet en s'indignant, demanda son arrestation. **5. clerc** : savant.

Jean Racine, *Iphigénie*

Reprenant une tragédie d'Euripide, Jean Racine obtient, en 1674, un grand succès avec Iphigénie. *Pour venger Ménélas, les Grecs veulent s'emparer de la ville de Troie. Mais les vents contraires retiennent les navires en Aulide. Pour obtenir des vents favorables, le roi Agamemnon doit offrir un sacrifice aux dieux. Le devin Calchas lui a annoncé le terrible prix à payer.*

AGAMEMNON
 Tu vois mon trouble ; apprends ce qui le cause,
Et juge s'il est temps, ami, que je repose.
Tu te souviens du jour qu'en Aulide assemblés
Nos vaisseaux par les vents semblaient être appelés :
Nous partions ; et déjà, par mille cris de joie,

Nous menacions de loin les rivages de Troie.
Un prodige étonnant fit taire ce transport ;
Le vent qui nous flattait nous laissa dans le port.
Il fallut s'arrêter, et la rame inutile
Fatigua vainement une mer immobile.
Ce miracle inouï me fit tourner les yeux
Vers la divinité qu'on adore en ces lieux :
Suivi de Ménélas, de Nestor et d'Ulysse,
J'offris sur ses autels un secret sacrifice.
Quelle fut sa réponse ! et quel devins-je, Arcas,
Quand j'entendis ces mots prononcés par Calchas :
« Vous armez contre Troie une puissance vaine,
Si, dans un sacrifice auguste et solennel,
 Une fille du sang d'Hélène,
De Diane, en ces lieux, n'ensanglante l'autel.
Pour obtenir les vents que le Ciel vous dénie,
 Sacrifiez Iphigénie ».

ARCAS
Votre fille !

<div align="right">Jean Racine, <i>Iphigénie</i>, acte I, scène 1, 1674.</div>

Michel Tournier, *Vendredi ou les Limbes du Pacifique*

Dans Vendredi ou les Limbes du Pacifique, *comme dans la version destinée à la jeunesse* Vendredi ou la Vie sauvage, *Michel Tournier réécrit le roman de Daniel Defoe à sa manière. Avant de rencontrer l'Araucanien qu'il appellera Vendredi, Robinson Crusoé est amené à observer une cérémonie particulièrement cruelle.*

Grâce à des récits qu'il avait entendus en Araucanie, il devinait le sens de la cérémonie qui se déroulait actuellement sur le rivage. Une femme décharnée et échevelée, chancelant à l'intérieur du cercle formé par les hommes, s'approchait du feu, y jetait une poignée de poudre et respirait avidement les lourdes volutes blanches qui s'élevaient aussitôt. Puis, comme soulevée par cette inhalation, elle se tournait vers les Indiens immobiles et semblait les passer en revue, pas à pas, avec de brusques arrêts devant l'un ou l'autre. Ensuite elle revenait près du foyer, et le manège recommençait, si bien que Robinson se demandait si la sorcière n'allait pas s'écrouler asphyxiée avant l'achèvement du rite. Mais non, le

dramatique dénouement se produisit tout à coup. La silhouette haillon-
neuse tendait le bras vers l'un des hommes. Sa bouche grande ouverte
devait proférer des malédictions que Robinson n'entendait pas. L'Indien
désigné par la voyante comme responsable d'un mal quelconque dont la
communauté devait souffrir – épidémie ou sécheresse – se jeta à plat
ventre sur le sol, secoué de grands frissons. L'un des Indiens marcha vers
lui. Sa machette fit d'abord voler le tablier du misérable, puis elle s'abat-
tit sur lui à coups réguliers, détachant sa tête, puis ses bras et ses jambes.
Enfin les six morceaux de la victime furent portés dans le brasier, tandis
que la sorcière, accroupie, recroquevillée sur le sable, priait, dormait,
vomissait ou pissait.

<div align="right">Michel Tournier, Vendredi ou les Limbes du Pacifique, Gallimard, 1977.</div>

René Girard, *Je vois Satan tomber comme l'éclair*
René Girard a analysé en profondeur le mécanisme des sacrifices dans son
essai La Violence et le Sacré *(Grasset, 1972). Il reprend quelques aspects de*
son étude dans Je vois Satan tomber comme l'éclair, *un ouvrage portant*
sur la spécificité du message biblique.

Les mythes débutent presque toujours par un état de désordre extrême.
[...] Toujours et partout on peut résumer la situation initiale en termes
d'une crise qui fait peser sur la communauté et son système culturel une
menace de destruction orale.
Cette crise est presque toujours résolue par la violence et celle-ci même si
elle n'est pas collective a des résonances collectives. [...]
Au paroxysme de la crise, la violence unanime se déclenche. Dans beau-
coup de mythes qui nous paraissent les plus archaïques et qui, à mon avis,
le sont effectivement, l'unanimité violente se présente comme une ruée
en masse plus suggérée que vraiment décrite et qui se retrouve, très évi-
dente, manifeste, dans les rituels. Ceux-ci visiblement *reproduisent*, nous
soupçonnons déjà pourquoi, la violence unanime et réconciliatrice du
mécanisme victimaire.
Le protagoniste dans les mythes archaïques, c'est la communauté entière
transformée en foule violente. Se croyant menacée par un individu isolé,
fréquemment un étranger, elle massacre spontanément le visiteur. On
retrouve ce type de violence en pleine Grèce classique, dans le culte
sinistre de Dionysos[1].
Les agresseurs se précipitent comme un seul homme sur leur victime.
L'hystérie collective est telle qu'ils se conduisent, littéralement, comme

des bêtes de proie. Ils réussissent à déchirer cette victime, ils la déchiquettent littéralement avec leurs mains, avec leurs ongles, avec leurs dents, comme si la colère ou la peur décuplait leur force physique. Parfois, ils dévorent le cadavre.

Pour désigner cette violence soudaine, convulsive, ce pur phénomène de foule, la langue française n'a pas de terme propre. Le mot qui nous monte aux lèvres est un américanisme, lynchage.

René Girard, *Je vois Satan tomber comme l'éclair*, Grasset, 1999.

1. Dionysos : dieu grec du Vin (Bacchus chez les Romains). Les initiés du culte de Dionysos se livraient à la débauche mais aussi à toutes sortes de meurtres.

Corpus

Texte A : Extrait du chapitre 6 de *Candide* de Voltaire (p. 59, ligne 1, à p. 60, ligne 24).

Texte B : « Les Animaux malades de la peste », extrait des *Fables* de Jean de La Fontaine (pp. 67-69).

Texte C : Extrait de la scène 1 de l'acte I d'*Iphigénie* de Jean Racine (pp. 69-70).

Texte D : Extrait de *Vendredi ou les Limbes du Pacifique* de Michel Tournier (pp. 70-71).

Texte E : Extrait de *Je vois Satan tomber comme l'éclair* de René Girard (pp. 71-72).

............................ **Examen des textes**

❶ Quelles sont les différentes valeurs du présent, dans le texte B ?

❷ Quels procédés* soulignent le contraste entre le crime du lion et celui du baudet, dans le texte B ?

❸ Comment l'annonce du sacrifice d'Iphigénie est-elle mise en valeur dans la tirade d'Agamemnon (texte C) ?

❹ Quelles sont les marques du point de vue*, dans le texte D ?

❺ Relevez le champ lexical* de la violence, dans le texte D.

* *Cf.* Lexique.

Travaux d'écriture

Question préliminaire
Quelles raisons motivent la cérémonie du sacrifice dans les différents textes ?

Commentaire
Vous ferez le commentaire de la fable de La Fontaine, « Les Animaux malades de la peste ».

Dissertation
Les personnages des textes cités en extraits sont des victimes. En vous appuyant sur ces textes mais aussi sur vos lectures personnelles, vous chercherez les raisons de cette situation et vous vous demanderez si les personnages fictifs sont nécessairement des victimes de la société.

Écriture d'invention
Imaginez le discours que Candide pourrait prononcer pour sa défense devant le tribunal de l'Inquisition.

Chapitre septième

Comment une vieille prit soin de Candide, et comment il retrouva ce qu'il aimait

Candide ne prit point courage, mais il suivit la vieille dans une masure : elle lui donna un pot de pommade pour se frotter, lui laissa à manger et à boire ; elle lui montra un petit lit assez propre ; il y avait auprès du lit un habit complet. « Mangez, buvez, dormez, lui dit-elle, et que Notre-Dame d'Atocha, monseigneur saint Antoine de Padoue[1], et monseigneur saint Jacques de Compostelle prennent soin de vous ! je reviendrai demain. » Candide, toujours étonné de tout ce qu'il avait vu, de tout ce qu'il avait souffert, et encore plus de la charité de la vieille, voulut lui baiser la main. « Ce n'est pas ma main qu'il faut baiser, dit la vieille ; je reviendrai demain. Frottez-vous de pommade, mangez et dormez. »

note

1. saint Antoine de Padoue : saint que l'on invoque pour retrouver ce que l'on a perdu.

Candide, malgré tant de malheurs, mangea et dormit. Le lendemain, la vieille lui apporte à déjeuner, visite son dos, le frotte
15 elle-même d'une autre pommade ; elle lui apporte ensuite à dîner ; elle revient sur le soir, et apporte à souper. Le surlendemain, elle fit encore les mêmes cérémonies. « Qui êtes-vous ? lui disait toujours Candide ; qui vous a inspiré tant de bonté ? quelles grâces puis-je vous rendre ? » La bonne femme ne répondait
20 jamais rien ; elle revint sur le soir, et n'apporta point à souper : «Venez avec moi, dit-elle, et ne dites mot. » Elle le prend sous le bras, et marche avec lui dans la campagne environ un quart de mille : ils arrivent à une maison isolée, entourée de jardins et de canaux. La vieille frappe à une petite porte. On ouvre ; elle mène
25 Candide, par un escalier dérobé, dans un cabinet doré, le laisse sur un canapé de brocart[1], referme la porte, et s'en va. Candide croyait rêver, et regardait toute sa vie comme un songe funeste[2], et le moment présent comme un songe agréable.

La vieille reparut bientôt ; elle soutenait avec peine une femme
30 tremblante, d'une taille majestueuse, brillante de pierreries, et couverte d'un voile. « Ôtez ce voile », dit la vieille à Candide. Le jeune homme approche ; il lève le voile d'une main timide. Quel moment ! quelle surprise ! il croit voir mademoiselle Cunégonde ; il la voyait en effet, c'était elle-même. La force lui
35 manque, il ne peut proférer une parole, il tombe à ses pieds. Cunégonde tombe sur le canapé. La vieille les accable[3] d'eaux spiritueuses[4], ils reprennent leurs sens, ils se parlent ; ce sont d'abord des mots entrecoupés, des demandes et des réponses qui se croisent, des soupirs, des larmes, des cris. La vieille leur recom-
40 mande de faire moins de bruit, et les laisse en liberté. « Quoi ! c'est vous, lui dit Candide ; vous vivez ! je vous retrouve en Portugal !

notes

1. brocart : riche tissu de soie brodée souvent avec de l'or ou de l'argent.

2. funeste : porteur de mort.
3. les accable : leur verse généreusement.

4. eaux spiritueuses : liqueurs destinées à rendre conscience aux personnes évanouies.

Candide retrouve Cunégonde grâce à la vieille, gravure de Moreau-le-Jeune, 1836.

On ne vous a donc pas violée ? On ne vous a point fendu le ventre, comme le philosophe Pangloss me l'avait assuré ? – Si fait, dit la belle Cunégonde ; mais on ne meurt pas toujours de ces
45 deux accidents. – Mais votre père et votre mère ont-ils été tués ? – Il n'est que trop vrai, dit Cunégonde en pleurant. – Et votre frère ? – Mon frère a été tué aussi. – Et pourquoi êtes-vous en Portugal ? et comment avez-vous su que j'y étais et par quelle étrange aventure[1] m'avez-vous fait conduire dans cette maison ?
50 – Je vous dirai tout cela, répliqua la dame ; mais il faut auparavant que vous m'appreniez tout ce qui vous est arrivé depuis le baiser innocent que vous me donnâtes, et les coups de pied que vous reçûtes. »

Candide lui obéit avec un profond respect ; et quoiqu'il fût
55 interdit[2], quoique sa voix fût faible et tremblante, quoique l'échine lui fît encore un peu mal, il lui raconta de la manière la plus naïve[3] tout ce qu'il avait éprouvé[4] depuis le moment de leur séparation. Cunégonde levait les yeux au ciel ; elle donna des larmes à la mort du bon anabaptiste[5] et de Pangloss ; après quoi
60 elle parla en ces termes à Candide, qui ne perdait pas une parole, et qui la dévorait des yeux.

Chapitre huitième

Histoire de Cunégonde

« J'étais dans mon lit et je dormais profondément, quand il plut au Ciel d'envoyer les Bulgares[1] dans notre beau château de Thunder-ten-tronckh ; ils égorgèrent mon père et mon frère, et coupèrent ma mère par morceaux. Un grand Bulgare, haut de six
5 pieds, voyant qu'à ce spectacle j'avais perdu connaissance, se mit à me violer ; cela me fit revenir, je repris mes sens, je criai, je me débattis, je mordis, j'égratignai, je voulais arracher les yeux à ce grand Bulgare, ne sachant pas que tout ce qui arrivait dans le château de mon père était une chose d'usage : le brutal me donna
10 un coup de couteau dans le flanc gauche dont je porte encore la marque. – Hélas ! j'espère bien la voir, dit le naïf Candide. – Vous la verrez, dit Cunégonde ; mais continuons. – Continuez », dit Candide.

note ..

1. Bulgares : ce nom renvoie à des tribus installées en Turquie et en Russie, il ne désigne pas un pays défini.

Elle reprit ainsi le fil de son histoire : « Un capitaine bulgare
15 entra, il me vit toute sanglante, et le soldat ne se dérangeait pas.
Le capitaine se mit en colère du peu de respect que lui témoi-
gnait ce brutal, et le tua sur mon corps. Ensuite il me fit panser,
et m'emmena prisonnière de guerre dans son quartier[1]. Je blan-
chissais le peu de chemises qu'il avait, je faisais sa cuisine ; il me
20 trouvait fort jolie, il faut l'avouer ; et je ne nierai pas qu'il ne fût
très bien fait, et qu'il n'eût la peau blanche et douce ; d'ailleurs
peu d'esprit, peu de philosophie : on voyait bien qu'il n'avait pas
été élevé par le docteur Pangloss. Au bout de trois mois, ayant
perdu tout son argent, et s'étant dégoûté de moi, il me vendit à
25 un juif nommé don Issachar, qui trafiquait en Hollande et en
Portugal, et qui aimait passionnément les femmes. Ce juif s'atta-
cha beaucoup à ma personne, mais il ne pouvait en triompher ;
je lui ai mieux résisté qu'au soldat bulgare : une personne d'hon-
neur peut être violée une fois, mais sa vertu s'en affermit. Le juif,
30 pour m'apprivoiser, me mena dans cette maison de campagne
que vous voyez. J'avais cru jusque-là qu'il n'y avait rien sur la
terre de si beau que le château de Thunder-ten-tronckh ; j'ai été
détrompée.

« Le grand inquisiteur[2] m'aperçut un jour à la messe ; il me lor-
35 gna[3] beaucoup, et me fit dire qu'il avait à me parler pour des
affaires secrètes. Je fus conduite à son palais ; je lui appris ma nais-
sance ; il me représenta combien il était au-dessous de mon rang
d'appartenir à un israélite. On proposa de sa part à don Issachar
de me céder à Monseigneur. Don Issachar, qui est le banquier de
40 la cour, et homme de crédit[4], n'en voulut rien faire. L'inquisiteur
le menaça d'un auto-da-fé[5]. Enfin mon juif, intimidé[6], conclut un

notes

1. son quartier : ici, sa
caserne ou sa tente.
2. grand inquisiteur : chef de
l'Inquisition.
3. lorgna : ici, lança des
œillades amoureuses.

4. homme de crédit : homme
influent susceptible de
prêter de l'argent (double
sens).
5. auto-da-fé : autodafé ; à
la fois proclamation d'un

jugement prononcé par
l'Inquisition et son exécution
(souvent par le feu).
6. intimidé : ici, effrayé.

marché par lequel la maison et moi leur appartiendraient à tous deux en commun ; que le juif aurait pour lui les lundis, mercredis et le jour du sabbat[1], et que l'inquisiteur aurait les autres jours de la semaine. Il y a six mois que cette convention subsiste. Ce n'a pas été sans querelles ; car souvent il a été indécis si la nuit du samedi au dimanche appartenait à l'ancienne loi ou à la nouvelle[2]. Pour moi, j'ai résisté jusqu'à présent à toutes les deux ; et je crois que c'est pour cette raison que j'ai toujours été aimée.

« Enfin, pour détourner le fléau des tremblements de terre, et pour intimider don Issachar, il plut à monseigneur l'inquisiteur de célébrer un auto-da-fé. Il me fit l'honneur de m'y inviter. Je fus très bien placée ; on servit aux dames des rafraîchissements[3] entre la messe et l'exécution. Je fus, à la vérité, saisie d'horreur en voyant brûler ces deux juifs et cet honnête Biscayen[4] qui avait épousé sa commère ; mais quelle fut ma surprise, mon effroi, mon trouble, quand je vis, dans un san-benito[5] et sous une mitre[6], une figure qui ressemblait à celle de Pangloss ! Je me frottai les yeux, je regardai attentivement, je le vis pendre ; je tombai en faiblesse. À peine reprenais-je mes sens que je vous vis dépouillé tout nu ; ce fut là le comble de l'horreur, de la consternation, de la douleur, du désespoir. Je vous dirai, avec vérité, que votre peau est encore plus blanche, et d'un incarnat[7] plus parfait, que celle de mon capitaine des Bulgares. Cette vue redoubla tous les sentiments qui m'accablaient, qui me dévoraient. Je m'écriai, je voulus dire : "Arrêtez, barbares !" Mais la voix me manqua, et mes cris auraient été inutiles. Quand vous eûtes été bien fessé :

notes

1. jour du sabbat : pour les juifs, jour de repos (du vendredi soir au samedi soir) consacré à Dieu.

2. nouvelle : allusion à l'Ancien Testament (religion juive) et au Nouveau Testament (religion chrétienne).

3. rafraîchissements : ici, boissons et nourritures légères.

4. Biscayen : originaire du Nord de la péninsule.

5. san-benito : vêtement rituel porté par les victimes de l'Inquisition.

6. mitre : coiffure pointue (portée par les évêques).

7. incarnat : teint (rose vif).

"Comment se peut-il faire, disais-je, que l'aimable Candide et le sage Pangloss se trouvent à Lisbonne, l'un pour recevoir cent coups de fouet, et l'autre pour être pendu par l'ordre de monseigneur l'inquisiteur, dont je suis la bien-aimée ? Pangloss m'a donc bien cruellement trompée, quand il me disait que tout va le mieux du monde."

« Agitée, éperdue, tantôt hors de moi-même, et tantôt prête de[1] mourir de faiblesse, j'avais la tête remplie du massacre de mon père, de ma mère, de mon frère, de l'insolence de mon vilain soldat bulgare, du coup de couteau qu'il me donna, de ma servitude, de mon métier de cuisinière, de mon capitaine bulgare, de mon vilain don Issachar, de mon abominable inquisiteur, de la pendaison du docteur Pangloss, de ce grand *miserere* en faux-bourdon[2] pendant lequel on vous fessait, et surtout du baiser que je vous avais donné derrière un paravent, le jour que je vous avais vu pour la dernière fois. Je louai Dieu, qui vous ramenait à moi par tant d'épreuves. Je recommandai à ma vieille d'avoir soin de vous, et de vous amener ici dès qu'elle le pourrait. Elle a très bien exécuté ma commission ; j'ai goûté le plaisir inexprimable de vous revoir, de vous entendre, de vous parler. Vous devez avoir une faim dévorante ; j'ai grand appétit ; commençons par souper. »

Les voilà qui se mettent tous deux à table ; et, après le souper, ils se replacent sur ce beau canapé dont on a déjà parlé ; ils y étaient quand le signor don Issachar, l'un des maîtres de la maison, arriva. C'était le jour du sabbat. Il venait jouir de ses droits, et expliquer son tendre amour.

notes

1. **prête de :** sur le point de.
2. *miserere* en faux-
bourdon : chant religieux
accompagné d'accords
(*cf.* note 3, p. 60).

Chapitre neuvième

Ce qui advint de Cunégonde, de Candide, du grand inquisiteur, et d'un juif

Cet Issachar était le plus colérique Hébreu qu'on eût vu dans Israël, depuis la captivité en Babylone[1]. « Quoi ! dit-il, chienne de Galiléenne[2], ce n'est pas assez de monsieur l'inquisiteur ? Il faut que ce coquin[3] partage aussi avec moi ? » En disant cela il tire un
5 long poignard dont il était toujours pourvu, et, ne croyant pas que son adverse partie[4] eût des armes, il se jette sur Candide ; mais notre bon Vestphalien avait reçu une belle épée de la vieille avec l'habit complet. Il tire son épée, quoiqu'il eût les mœurs fort douces, et vous étend l'israélite roide mort sur le carreau, aux
10 pieds de la belle Cunégonde.

notes

1. en Babylone : allusion à la captivité des Hébreux au VIᵉ siècle av. J.-C.

2. Galiléenne : pour les juifs, disciple de Jésus (qui était galiléen).

3. coquin : roturier, personne de modeste condition.

4. adverse partie : partie adverse, celle qui plaide contre (vocabulaire juridique).

« Sainte Vierge ! s'écria-t-elle, qu'allons-nous devenir ? Un homme tué chez moi ! si la justice vient, nous sommes perdus. – Si Pangloss n'avait pas été pendu, dit Candide, il nous donnerait un bon conseil dans cette extrémité, car c'était un grand
15 philosophe. À son défaut, consultons la vieille. » Elle était fort prudente, et commençait à dire son avis quand une autre petite porte s'ouvrit. Il était une heure après minuit, c'était le commencement du dimanche. Ce jour appartenait à monseigneur l'inquisiteur. Il entre et voit le fessé Candide, l'épée à la main, un
20 mort étendu par terre, Cunégonde effarée, et la vieille donnant des conseils.

Voici dans ce moment ce qui se passa dans l'âme de Candide, et comment il raisonna : « Si ce saint homme appelle du secours, il me fera infailliblement brûler, il pourra en faire autant de
25 Cunégonde ; il m'a fait fouetter impitoyablement ; il est mon rival ; je suis en train de tuer ; il n'y a pas à balancer[1]. » Ce raisonnement fut net et rapide ; et, sans donner le temps à l'inquisiteur de revenir de sa surprise, il le perce d'outre en outre[2], et le jette à côté du juif. « En voici bien d'une autre, dit Cunégonde ;
30 il n'y a plus de rémission[3] ; nous sommes excommuniés[4], notre dernière heure est venue ! Comment avez-vous fait, vous qui êtes né si doux, pour tuer en deux minutes un juif et un prélat[5] ? – Ma belle demoiselle, répondit Candide, quand on est amoureux, jaloux, et fouetté par l'Inquisition[6], on ne se connaît plus. »
35 La vieille prit alors la parole, et dit : « Il y a trois chevaux andalous dans l'écurie, avec leurs selles et leurs brides : que le brave Candide les prépare ; madame a des moyadors[7] et des diamants,

notes

1. balancer : hésiter.
2. d'outre en outre : de part en part.
3. rémission : pardon des péchés.

4. excommuniés : exclus des sacrements catholiques.
5. prélat : prêtre de haut rang.

6. Inquisition : tribunal ecclésiastique chargé de poursuivre les hérétiques.
7. moyadors : pièces d'or du Portugal.

montons vite à cheval, quoique je ne puisse me tenir que sur une fesse, et allons à Cadix ; il fait le plus beau temps du monde, et
40 c'est un grand plaisir de voyager pendant la fraîcheur de la nuit. »

Aussitôt Candide selle les trois chevaux. Cunégonde, la vieille, et lui, font trente milles[1] d'une traite. Pendant qu'ils s'éloignaient, la Sainte Hermandad[2] arrive dans la maison ; on enterre monseigneur dans une belle église et on jette Issachar à la voirie[3].

45 Candide, Cunégonde et la vieille, étaient déjà dans la petite ville d'Avacéna, au milieu des montagnes de la Sierra Morena ; et ils parlaient ainsi dans un cabaret.

Candide tire son épée et « *vous étend l'israélite roide mort sur le carreau* ».

notes

1. trente milles : environ 50 km.

2. Sainte Hermandad : milice chargée d'assurer l'ordre public.

3. voirie : lieu où l'on dépose les immondices.

Chapitre dixième

Dans quelle détresse Candide, Cunégonde et la vieille arrivent à Cadix, et de leur embarquement

« Qui a donc pu me voler mes pistoles[1] et mes diamants ? disait en pleurant Cunégonde ; de quoi vivrons-nous ? comment ferons-nous ? où trouver des inquisiteurs et des juifs qui m'en donnent d'autres ? – Hélas ! dit la vieille, je soupçonne fort un
5 révérend père cordelier[2] qui coucha hier dans la même auberge que nous à Badajos ; Dieu me garde de faire un jugement téméraire[3] ! mais il entra deux fois dans notre chambre, et il partit longtemps avant nous. – Hélas ! dit Candide, le bon Pangloss m'avait souvent prouvé que les biens de la terre sont communs à
10 tous les hommes, que chacun y a un droit égal. Ce cordelier devait bien, suivant ces principes, nous laisser de quoi achever

notes

1. pistoles : équivalents français du moyador portugais.

2. cordelier : moine franciscain (ordre de saint François d'Assise).

3. téméraire : ici, sans preuve suffisante.

notre voyage. Il ne vous reste donc rien du tout, ma belle Cunégonde ? – Pas un maravédis[1], dit-elle. – Quel parti prendre ? dit Candide. – Vendons un des chevaux, dit la vieille ; je monterai
15 en croupe derrière mademoiselle, quoique je ne puisse me tenir que sur une fesse, et nous arriverons à Cadix. »

Il y avait dans la même hôtellerie un prieur de bénédictins[2] ; il acheta le cheval bon marché. Candide, Cunégonde et la vieille passèrent par Lucena, par Chillas, par Lebrixa, et arrivèrent enfin
20 à Cadix. On y équipait une flotte, et on y assemblait des troupes pour mettre à la raison les révérends pères jésuites[3] du Paraguai, qu'on accusait d'avoir fait révolter une de leurs hordes contre les rois d'Espagne et de Portugal, auprès de la ville du Saint-Sacrement[4]. Candide, ayant servi chez les Bulgares[5], fit l'exercice
25 bulgarien devant le général de la petite armée avec tant de grâce, de célérité, d'adresse, de fierté, d'agilité, qu'on lui donna une compagnie d'infanterie à commander. Le voilà capitaine ; il s'embarque avec mademoiselle Cunégonde, la vieille, deux valets, et les deux chevaux andalous qui avaient appartenu à monsieur le
30 grand inquisiteur[6] de Portugal.

Pendant toute la traversée ils raisonnèrent beaucoup sur la philosophie du pauvre Pangloss. « Nous allons dans un autre univers, disait Candide ; c'est dans celui-là, sans doute, que tout est bien. Car il faut avouer qu'on pourrait gémir un peu de ce qui se passe
35 dans le nôtre en physique et en morale[7]. – Je vous aime de tout mon cœur, disait Cunégonde ; mais j'ai encore l'âme tout effarouchée de ce que j'ai vu, de ce que j'ai éprouvé. – Tout ira bien,

notes

1. **maravédis** : pièce espagnole en cuivre.
2. **bénédictins** : moines d'un ordre fondé par saint Benoît.
3. **jésuites** : ils refusaient l'autorité espagnole et voulaient constituer des territoires indépendants.

4. **Saint-Sacrement** : ville située près de Buenos Aires.
5. **Bulgares** : ce nom renvoie à des tribus installées en Turquie et en Russie, il ne désigne pas un pays défini.

6. **grand inquisiteur** : chef suprême de l'Inquisition.
7. **en physique et en morale** : distinction traditionnelle en philosophie, qu'on retrouve chez Leibniz.

répliquait Candide ; la mer de ce nouveau monde vaut déjà mieux que les mers de notre Europe ; elle est plus calme, les vents
40 plus constants. C'est certainement le nouveau monde qui est le meilleur des univers possibles. – Dieu le veuille ! disait Cunégonde ; mais j'ai été si horriblement malheureuse dans le mien que mon cœur est presque fermé à l'espérance. – Vous vous plaignez, leur dit la vieille ; hélas ! vous n'avez pas éprouvé des
45 infortunes telles que les miennes. » Cunégonde se mit presque à rire, et trouva cette bonne femme fort plaisante de prétendre être plus malheureuse qu'elle. « Hélas ! lui dit-elle, ma bonne, à moins que vous n'ayez été violée par deux Bulgares, que vous n'ayez reçu deux coups de couteau dans le ventre, qu'on n'ait démoli
50 deux de vos châteaux, qu'on n'ait égorgé à vos yeux deux mères et deux pères, et que vous n'ayez vu deux de vos amants fouettés dans un auto-da-fé[1], je ne vois pas que vous puissiez l'emporter sur moi ; ajoutez que je suis née baronne avec soixante et douze quartiers[2], et que j'ai été cuisinière. – Mademoiselle, répondit la
55 vieille, vous ne savez pas quelle est ma naissance ; et si je vous montrais mon derrière, vous ne parleriez pas comme vous faites, et vous suspendriez votre jugement. » Ce discours fit naître une extrême curiosité dans l'esprit de Cunégonde et de Candide. La vieille leur parla en ces termes.

notes ...

1. auto-da-fé : autodafé ; à la fois proclamation d'un jugement prononcé par l'Inquisition et son exécution (souvent par le feu).

2. quartiers : ascendants dont la noblesse est certaine (64 ascendants représentent six générations).

Chapitre onzième

Histoire de la vieille

« Je n'ai pas eu toujours les yeux éraillés[1] et bordés d'écarlate[2] ; mon nez n'a pas toujours touché à mon menton, et je n'ai pas toujours été servante. Je suis la fille du pape Urbain X[3] et de la princesse de Palestrine[4]. On m'éleva jusqu'à quatorze ans dans un
5 palais auquel tous les châteaux de vos barons allemands n'auraient pas servi d'écurie ; et une de mes robes valait mieux que toutes les magnificences de la Vestphalie[5]. Je croissais en beauté, en grâces, en talents, au milieu des plaisirs, des respects et des espérances. J'inspirais déjà de l'amour ; ma gorge se formait ; et quelle
10 gorge ! blanche, ferme, taillée comme celle de la Vénus de Médicis ; et quels yeux ! quelles paupières ! quels sourcils noirs !

notes

1. **éraillés** : écorchés.
2. **d'écarlate** : de rouge vif.
3. **Urbain X** : ce pape n'a pas existé.
4. **Palestrine** : petite principauté proche de Rome appartenant à la famille du pape Urbain VIII.
5. **Vestphalie** : Westphalie (province de l'Allemagne). Ce nom évoque, pour l'époque, un lieu soumis aux guerres européennes.

quelles flammes brillaient dans mes deux prunelles, et effaçaient la scintillation des étoiles, comme me disaient les poètes du quartier. Les femmes qui m'habillaient et qui me déshabillaient tombaient en extase en me regardant par-devant et par-derrière ; et tous les hommes auraient voulu être à leur place.

« Je fus fiancée à un prince souverain de Massa-Carrara[1]. Quel prince ! aussi beau que moi, pétri de douceur et d'agréments, brillant d'esprit et brûlant d'amour. Je l'aimais comme on aime pour la première fois, avec idolâtrie, avec emportement. Les noces furent préparées. C'était une pompe[2], une magnificence inouïe ; c'étaient des fêtes, des carrousels[3], des opéra-buffa[4] continuels ; et toute l'Italie fit pour moi des sonnets dont il n'y eut pas un seul de passable. Je touchais au moment de mon bonheur, quand une vieille marquise qui avait été maîtresse de mon prince l'invita à prendre du chocolat chez elle. Il mourut en moins de deux heures avec des convulsions épouvantables. Mais ce n'est qu'une bagatelle[5]. Ma mère, au désespoir, et bien moins affligée que moi, voulut s'arracher pour quelque temps à un séjour si funeste[6]. Elle avait une très belle terre auprès de Gaïète[7]. Nous nous embarquâmes sur une galère du pays, dorée comme l'autel de Saint-Pierre de Rome. Voilà qu'un corsaire de Salé[8] fond sur nous et nous aborde[9] ; nos soldats se défendirent comme des soldats du pape : ils se mirent tous à genoux en jetant leurs armes, et en demandant au corsaire une absolution *in articulo mortis*[10].

« Aussitôt on les dépouilla nus comme des singes, et ma mère aussi, nos filles d'honneur aussi, et moi aussi. C'est une chose

notes

1. Massa-Carrara : duché de Toscane.
2. pompe : grande cérémonie.
3. carrousels : fêtes avec des spectacles de cavaliers.
4. opéra-buffa : opéras comiques très à la mode au XVIIIe siècle.

5. bagatelle : chose sans importance.
6. funeste : porteur de mort.
7. Gaïète : port au sud de Rome.
8. Salé : base marocaine des corsaires.

9. aborde : se jette à l'abordage.
10. *in articulo mortis* : à l'article de la mort.

admirable que la diligence avec laquelle ces messieurs déshabillent le monde. Mais ce qui me surprit davantage, c'est qu'ils nous mirent à tous le doigt dans un endroit où nous autres femmes nous ne nous laissons mettre d'ordinaire que des canules[1]. Cette cérémonie me paraissait bien étrange : voilà comme on juge de tout quand on n'est pas sorti de son pays. J'appris bientôt que c'était pour voir si nous n'avions pas caché là quelques diamants : c'est un usage établi de temps immémorial[2] parmi les nations policées qui courent sur mer. J'ai su que messieurs les religieux chevaliers de Malte[3] n'y manquent jamais quand ils prennent des Turcs et des Turques ; c'est une loi du droit des gens à laquelle on n'a jamais dérogé[4].

« Je ne vous dirai point combien il est dur pour une jeune princesse d'être menée esclave à Maroc[5] avec sa mère. Vous concevez assez tout ce que nous eûmes à souffrir dans le vaisseau corsaire. Ma mère était encore très belle ; nos filles d'honneur, nos simples femmes de chambre, avaient plus de charmes qu'on n'en peut trouver dans toute l'Afrique. Pour moi, j'étais ravissante, j'étais la beauté, la grâce même, et j'étais pucelle. Je ne le fus pas longtemps : cette fleur, qui avait été réservée pour le beau prince de Massa-Carrara, me fut ravie par le capitaine corsaire ; c'était un nègre abominable[6], qui croyait encore me faire beaucoup d'honneur. Certes il fallait que madame la princesse de Palestrine et moi fussions bien fortes pour résister à tout ce que nous éprouvâmes[7] jusqu'à notre arrivée à Maroc. Mais, passons ; ce sont des choses si communes qu'elles ne valent pas la peine qu'on en parle.

notes

1. canules : sortes de seringues utilisées pour les lavements.
2. immémorial : très ancien.
3. chevaliers de Malte : membres d'un ordre religieux militaire protégeant le monde chrétien des musulmans.
4. on n'a jamais dérogé : ici, on n'a jamais fait d'exception.
5. à Maroc : au Maroc.
6. abominable : laid (au sens physique).
7. éprouvâmes : endurâmes.

La vieille défendue par son capitaine, illustration de Moreau-le-Jeune pour l'édition Furne de 1836.

65 « Maroc nageait dans le sang quand nous arrivâmes. Cinquante fils de l'empereur Mulei-Ismaël[1] avaient chacun leur parti : ce qui produisait en effet cinquante guerres civiles, de noirs contre noirs, de noirs contre basanés, de basanés contre basanés, de mulâtres contre mulâtres : c'était un carnage continuel dans toute l'éten-
70 due de l'empire.

« À peine fûmes-nous débarquées que des noirs d'une faction[2] ennemie de celle de mon corsaire se présentèrent pour lui enlever son butin. Nous étions, après les diamants et l'or, ce qu'il avait de plus précieux. Je fus témoin d'un combat tel que vous n'en
75 voyez jamais dans vos climats d'Europe. Les peuples septentrionaux[3] n'ont pas le sang assez ardent. Ils n'ont pas la rage des femmes au point où elle est commune en Afrique. Il semble que vos Européens aient du lait dans les veines ; c'est du vitriol[4], c'est du feu qui coule dans celles des habitants du mont Atlas[5] et des
80 pays voisins. On combattit avec la fureur des lions, des tigres et des serpents de la contrée, pour savoir à qui nous aurait. Un Maure saisit ma mère par le bras droit, le lieutenant de mon capitaine la retint par le bras gauche ; un soldat maure la prit par une jambe, un de nos pirates la tenait par l'autre. Nos filles se trou-
85 vèrent presque toutes en un moment tirées ainsi à quatre soldats. Mon capitaine me tenait cachée derrière lui. Il avait le cimeterre[6] au poing, et tuait tout ce qui s'opposait à sa rage. Enfin je vis toutes nos Italiennes et ma mère déchirées, coupées, massacrées par les monstres qui se les disputaient. Les captifs, mes compa-
90 gnons, ceux qui les avaient pris, soldats, matelots, noirs, basanés, blancs, mulâtres, et enfin mon capitaine, tout fut tué, et je demeurai mourante sur un tas de morts. Des scènes pareilles se passaient,

notes ··

1. **Mulei-Ismaël** : il régna de 1672 à 1727.
2. **faction** : groupe armé.
3. **septentrionaux** : du Nord.
4. **vitriol** : acide sulfurique.

5. **mont Atlas** : massif montagneux de l'Afrique du Nord.
6. **cimeterre** : sabre oriental large et recourbé.

comme on sait, dans l'étendue de plus de trois cents lieues[1], sans qu'on manquât aux cinq prières par jour ordonnées par Mahomet.

95 « Je me débarrassai avec beaucoup de peine de la foule de tant de cadavres sanglants entassés, et je me traînai sous un grand oranger au bord d'un ruisseau voisin ; j'y tombai d'effroi, de lassitude, d'horreur, de désespoir et de faim. Bientôt après, mes sens accablés se livrèrent à un sommeil qui tenait plus de l'évanouissement 100 que du repos. J'étais dans cet état de faiblesse et d'insensibilité, entre la mort et la vie, quand je me sentis pressée de quelque chose qui s'agitait sur mon corps ; j'ouvris les yeux, je vis un homme blanc et de bonne mine qui soupirait, et qui disait entre ses dents : *O che sciagura d'essere senza c... !*[2]

notes

1. trois cents lieues : environ 1 500 km.

2. *O che sciagura d'essere senza c... !* : dans les éditions de 1759, on trouve : « *O che sciagura d'essere senza colgioni !* » (« Oh quel malheur d'être sans couilles ! »).

Chapitre douzième

Suites des malheurs de la vieille

« Étonnée et ravie d'entendre la langue de ma patrie, et non moins surprise des paroles que proférait cet homme, je lui répondis qu'il y avait de plus grands malheurs que celui dont il se plaignait. Je l'instruisis en peu de mots des horreurs que j'avais

5 essuyées, et je retombai en faiblesse. Il m'emporta dans une maison voisine, me fit mettre au lit, me fit donner à manger, me servit, me consola, me flatta, me dit qu'il n'avait rien vu de si beau que moi, et que jamais il n'avait tant regretté ce que personne ne pouvait lui rendre. "Je suis né à Naples, me dit-il ; on y chaponne[1]

10 deux ou trois mille enfants tous les ans ; les uns en meurent, les autres acquièrent une voix plus belle que celle des femmes[2], les autres vont gouverner des États. On me fit cette opération

notes

1. **chaponne** : castre (le chapon est un coq castré).
2. **une voix [...] femmes** : les castrats (chanteurs émasculés) ont une voix qui n'a pas mué ; ces chanteurs étaient très à la mode en Italie.

avec un très grand succès, et j'ai été musicien de la chapelle de madame la princesse de Palestrine[1]. – De ma mère ! m'écriai-je.

15 – De votre mère ! s'écria-t-il en pleurant ; quoi ! vous seriez cette jeune princesse que j'ai élevée jusqu'à l'âge de six ans, et qui promettait déjà d'être aussi belle que vous êtes ? – C'est moi-même ; ma mère est à quatre cents pas d'ici, coupée en quartiers sous un tas de morts..."

20 « Je lui contai tout ce qui m'était arrivé ; il me conta aussi ses aventures, et m'apprit comment il avait été envoyé chez le roi de Maroc par une puissance chrétienne[2], pour conclure avec ce monarque un traité par lequel on lui fournirait de la poudre, des canons et des vaisseaux, pour l'aider à exterminer le commerce 25 des autres chrétiens. "Ma mission est faite, dit cet honnête eunuque[3] ; je vais m'embarquer à Ceuta[4], et je vous ramènerai en Italie. *Ma che sciagura d'essere senza c... !*"

« Je le remerciai avec des larmes d'attendrissement ; et au lieu de me mener en Italie, il me conduisit à Alger, et me vendit au 30 dey[5] de cette province. À peine fus-je vendue que cette peste qui a fait le tour de l'Afrique, de l'Asie et de l'Europe, se déclara dans Alger avec fureur. Vous avez vu des tremblements de terre : mais, mademoiselle, avez-vous jamais eu la peste ? – Jamais, répondit la baronne.

35 – Si vous l'aviez eue, reprit la vieille, vous avoueriez qu'elle est bien au-dessus d'un tremblement de terre. Elle est fort commune en Afrique ; j'en fus attaquée. Figurez-vous quelle situation pour la fille d'un pape âgée de quinze ans, qui en trois mois de temps avait éprouvé la pauvreté, l'esclavage, avait été violée presque tous

notes

1. Palestrine : petite principauté proche de Rome appartenant à la famille du pape Urbain VIII.
2. puissance chrétienne : allusion à la guerre de

Succession d'Espagne (1701-1714).
3. eunuque : homme castré chargé de la garde du harem.

4. Ceuta : port appartenant à l'Espagne, situé sur la côte marocaine dans le détroit de Gibraltar.
5. dey : gouverneur d'Alger.

40 les jours, avait vu couper sa mère en quatre, avait essuyé la faim et
la guerre et mourait pestiférée dans Alger. Je n'en mourus pour-
tant pas. Mais mon eunuque et le dey, et presque tout le sérail[1]
d'Alger périrent.

« Quand les premiers ravages de cette épouvantable peste furent
45 passés, on vendit les esclaves du dey. Un marchand m'acheta, et
me mena à Tunis ; il me vendit à un autre marchand, qui me
revendit à Tripoli ; de Tripoli je fus revendue à Alexandrie,
d'Alexandrie revendue à Smyrne[2], de Smyrne à Constantinople[3].
J'appartins enfin à un aga[4] des janissaires[5], qui fut bientôt
50 commandé pour aller défendre Azof[6] contre les Russes, qui
l'assiégeaient.

« L'aga, qui était un très galant homme, mena avec lui tout son
sérail, et nous logea dans un petit fort sur les Palus-Méotides[7],
gardé par deux eunuques noirs et vingt soldats. On tua prodi-
55 gieusement de Russes, mais ils nous le rendirent bien. Azof fut
mis à feu à et à sang, et on ne pardonna ni au sexe, ni à l'âge ; il ne
resta que notre petit fort ; les ennemis voulurent nous prendre par
famine. Les vingt janissaires avaient juré de ne se jamais rendre.
Les extrémités de la faim où ils furent réduits les contraignirent à
60 manger nos deux eunuques, de peur de violer leur serment. Au
bout de quelques jours ils résolurent de manger les femmes.

« Nous avions un iman[8] très pieux et très compatissant, qui leur
fit un beau sermon par lequel il leur persuada de ne nous pas tuer
tout à fait. "Coupez, dit-il, seulement une fesse à chacune de ces
65 dames, vous ferez très bonne chère[9] ; s'il faut y revenir, vous en

notes

1. **sérail** : palais.
2. **Smyrne** : Izmir, port de Turquie, sur la mer Égée.
3. **Constantinople** : Byzance, actuelle Istanbul.
4. **aga** : général en chef.

5. **janissaires** : garde du sultan constituée à l'origine par des prisonniers chrétiens.
6. **Azof** : ville russe à l'embouchure du Don, reprise aux Turcs.

7. **Palus-Méotides** : ancien nom donné à la mer d'Azof.
8. **iman** : imam, religieux musulman.
9. **bonne chère** : nourriture de grande qualité.

aurez encore autant dans quelques jours ; le Ciel vous saura gré d'une action si charitable, et vous serez secourus."

« Il avait beaucoup d'éloquence ; il les persuada. On nous fit cette horrible opération. L'iman nous appliqua le même baume qu'on met aux enfants qu'on vient de circoncire. Nous étions toutes à la mort.

« À peine les janissaires eurent-ils fait le repas que nous leur avions fourni, que les Russes arrivent sur des bateaux plats : il ne réchappa pas un janissaire. Les Russes ne firent aucune attention à l'état où nous étions. Il y a partout des chirurgiens français : un d'eux, qui était fort adroit, prit soin de nous ; il nous guérit, et je me souviendrai toute ma vie que, quand mes plaies furent bien fermées, il me fit des propositions. Au reste, il nous dit à toutes de nous consoler ; il nous assura que dans plusieurs sièges pareille chose était arrivée, et que c'était la loi de la guerre.

« Dès que mes compagnons purent marcher, on les fit aller à Moscou. J'échus en partage[1] à un Boïard[2] qui me fit sa jardinière, et qui me donnait vingt coups de fouet par jour ; mais ce seigneur ayant été roué[3] au bout de deux ans avec une trentaine de Boïards pour quelque tracasserie de cour, je profitai de cette aventure : je m'enfuis ; je traversai toute la Russie ; je fus longtemps servante de cabaret à Riga, puis à Rostock, à Vismar, à Leipsick, à Cassel, à Utrecht, à Leyde, à La Haye, à Rotterdam : j'ai vieilli dans la misère et dans l'opprobre[4], n'ayant que la moitié d'un derrière, me souvenant toujours que j'étais fille d'un pape : je voulus cent fois me tuer, mais j'aimais encore la vie. Cette faiblesse ridicule est peut-être un de nos penchants les plus funestes[5] : car y a-t-il

notes ..

1. J'échus en partage : je fus donnée par le hasard.
2. Boïard : titre de noblesse russe.

3. roué : tué par le supplice de la roue.
4. opprobre : déshonneur.

5. funestes : porteurs de mort.

rien de plus sot que de vouloir porter continuellement un fardeau qu'on veut toujours jeter par terre ? d'avoir son être en horreur,

95 et de tenir à son être ? Enfin de caresser le serpent qui nous dévore, jusqu'à ce qu'il nous ait mangé le cœur ?

« J'ai vu dans les pays que le sort m'a fait parcourir, et dans les cabarets où j'ai servi, un nombre prodigieux de personnes qui avaient leur existence en exécration[1] ; mais je n'en ai vu que

100 douze qui aient mis volontairement fin à leur misère : trois nègres, quatre Anglais, quatre Genevois, et un professeur allemand nommé Robeck[2]. J'ai fini par être servante chez le juif don Issachar ; il me mit auprès de vous, ma belle demoiselle ; je me suis attachée à votre destinée, et j'ai été plus occupée de vos aven-

105 tures que des miennes. Je ne vous aurais même jamais parlé de mes malheurs si vous ne m'aviez pas un peu piquée[3], et s'il n'était d'usage, dans un vaisseau, de conter des histoires pour se désennuyer. Enfin, mademoiselle, j'ai de l'expérience, je connais le monde ; donnez-vous un plaisir, engagez chaque passager à vous

110 conter son histoire, et s'il s'en trouve un seul qui n'ait souvent maudit sa vie, qui ne se soit souvent dit à lui-même qu'il était le plus malheureux des hommes, jetez-moi dans la mer la tête la première. »

notes

1. **exécration** : horreur extrême.

2. **Robeck** : Jean Robeck ; il fit l'apologie du suicide et se suicida par noyade.

3. **piquée** : ici, poussée en insistant.

Chapitre treizième

Comment Candide fut obligé de se séparer de la belle Cunégonde et de la vieille

La belle Cunégonde, ayant entendu l'histoire de la vieille, lui fit toutes les politesses qu'on devait à une personne de son rang et de son mérite. Elle accepta la proposition ; elle engagea tous les passagers, l'un après l'autre, à lui conter leurs aventures. Candide

5 et elle avouèrent que la vieille avait raison. « C'est bien dommage, disait Candide, que le sage Pangloss ait été pendu contre la coutume dans un auto-da-fé[1] ; il nous dirait des choses admirables sur le mal physique et sur le mal moral qui couvrent la terre et la mer, et je me sentirais assez de force pour oser lui faire respectueuse-

10 ment quelques objections. »

À mesure que chacun racontait son histoire, le vaisseau avançait. On aborda dans Buenos-Ayres. Cunégonde, le capitaine Candide et la vieille allèrent chez le gouverneur don Fernando d'Ibaraa,

note

1. **auto-da-fé** : autodafé ; à la fois proclamation d'un jugement prononcé par l'Inquisition et son exécution (souvent par le feu).

99

y Figueora, y Mascarenes, y Lampourdos, y Souza. Ce seigneur avait
15 une fierté convenable à un homme qui portait tant de noms. Il
parlait aux hommes avec le dédain le plus noble, portant le nez si
haut, élevant si impitoyablement la voix, prenant un ton si impo-
sant, affectant une démarche si altière[1], que tous ceux qui le
saluaient étaient tentés de le battre. Il aimait les femmes à la fureur.
20 Cunégonde lui parut ce qu'il avait jamais vu de plus beau. La pre-
mière chose qu'il fit fut de demander si elle n'était point la femme
du capitaine. L'air dont il fit cette question alarma Candide : il
n'osa pas dire qu'elle était sa femme, parce qu'en effet elle ne l'était
point ; il n'osait pas dire que c'était sa sœur, parce qu'elle ne l'était
25 pas non plus ; et quoique ce mensonge officieux eût été autrefois
très à la mode chez les Anciens[2], et qu'il pût être utile aux Modernes,
son âme était trop pure pour trahir la vérité. « Mademoiselle
Cunégonde, dit-il, doit me faire l'honneur de m'épouser et nous
supplions Votre Excellence de daigner faire notre noce. »
30 Don Fernando d'Ibaraa, y Figueora, y Mascarenes, y Lampourdos,
y Souza, relevant sa moustache, sourit amèrement, et ordonna au
capitaine Candide d'aller faire la revue de sa compagnie[3]. Candide
obéit ; le gouverneur demeura avec mademoiselle Cunégonde. Il
lui déclara sa passion, lui protesta que le lendemain il l'épouserait
35 à la face de l'Église, ou autrement, ainsi qu'il plairait à ses charmes.
Cunégonde lui demanda un quart d'heure pour se recueillir[4],
pour consulter la vieille, et pour se déterminer.

La vieille dit à Cunégonde : « Mademoiselle, vous avez soixante
et douze quartiers[5] et pas une obole[6] ; il ne tient qu'à vous d'être
40 la femme du plus grand seigneur de l'Amérique méridionale, qui
a une très belle moustache ; est-ce à vous de vous piquer[7] d'une

notes ..

1. altière : hautaine.

2. chez les Anciens : allusion au récit biblique concernant Abraham et Sara (livre de la Genèse).

3. compagnie : troupe.

4. se recueillir : réfléchir.

5. quartiers : ascendants dont la noblesse est certaine (64 ascendants représentent six générations).

6. obole : petite somme d'argent (anciennement petite pièce de monnaie).

7. vous piquer : ici, vous vanter.

fidélité à toute épreuve ? Vous avez été violée par les Bulgares[1] ;
un juif et un inquisiteur ont eu vos bonnes grâces : les malheurs
donnent des droits. J'avoue que, si j'étais à votre place, je ne ferais
45 aucun scrupule d'épouser monsieur le gouverneur, et de faire la
fortune de monsieur le capitaine Candide. » Tandis que la vieille
parlait avec toute la prudence que l'âge et l'expérience donnent,
on vit entrer dans le port un petit vaisseau ; il portait un alcade[2]
et des alguazils[3], et voici ce qui était arrivé.

50 La vieille avait très bien deviné que ce fut un cordelier à la
grande manche[4] qui vola l'argent et les bijoux de Cunégonde
dans la ville de Badajos, lorsqu'elle fuyait en hâte avec Candide.
Ce moine voulut vendre quelques-unes des pierreries à un
joaillier. Le marchand les reconnut pour celles du grand inquisi-
55 teur[5]. Le cordelier, avant d'être pendu, avoua qu'il les avait volées :
il indiqua les personnes, et la route qu'elles prenaient. La fuite de
Cunégonde et de Candide était déjà connue. On les suivit à
Cadix : on envoya sans perdre de temps un vaisseau à leur pour-
suite. Le vaisseau était déjà dans le port de Buenos-Ayres. Le bruit
60 se répandit qu'un alcade allait débarquer, et qu'on poursuivait les
meurtriers de monseigneur le grand inquisiteur. La prudente
vieille vit dans l'instant tout ce qui était à faire. « Vous ne pouvez
fuir, dit-elle à Cunégonde, et vous n'avez rien à craindre : ce n'est
pas vous qui avez tué monseigneur, et d'ailleurs le gouverneur,
65 qui vous aime, ne souffrira[6] pas qu'on vous maltraite ; demeurez. »
Elle court sur-le-champ à Candide : « Fuyez, dit-elle, ou dans une
heure vous allez être brûlé. » Il n'y avait pas un moment à perdre ;
mais comment se séparer de Cunégonde, et où se réfugier ?

notes

1. Bulgares : ce nom renvoie
à des tribus installées en
Turquie et en Russie, il ne
désigne pas un pays défini.

2. alcade : commissaire de
police espagnol.

3. alguazils : agents de
police espagnols.

**4. cordelier à la grande
manche :** moine franciscain
que l'on reconnaissait à cause
de ses grandes manches.
*Avoir la conscience aussi
large que la manche d'un
cordelier* signifie « être peu
scrupuleux ».

5. grand inquisiteur : chef
suprême de l'Inquisition.

6. ne souffrira : ne
supportera.

chapitre quatorzième

Comment Candide et Cacambo furent reçus chez les jésuites du Paraguai

Candide avait amené de Cadix un valet tel qu'on en trouve beaucoup sur les côtes d'Espagne et dans les colonies. C'était un quart d'Espagnol[1], né d'un métis dans le Tucuman[2], il avait été enfant de chœur, sacristain[3], matelot, moine, facteur[4], soldat, laquais. Il

5 s'appelait Cacambo, et aimait fort son maître, parce que son maître était un fort bon homme. Il sella au plus vite les deux chevaux andalous. « Allons, mon maître, suivons le conseil de la vieille ; partons, et courons sans regarder derrière nous. » Candide versa des larmes : « Ô ma chère Cunégonde ! faut-il vous aban-

10 donner dans le temps que monsieur le gouverneur va faire nos noces ! Cunégonde amenée de si loin, que deviendrez-vous ? – Elle deviendra ce qu'elle pourra, dit Cacambo ; les femmes

notes

1. quart d'Espagnol : un de ses grands-parents était espagnol.

2. Tucuman : région au nord-ouest de Buenos Aires.

3. sacristain : laïc chargé de

l'entretien de l'église.

4. facteur : négociant pour le compte d'un autre.

ne sont jamais embarrassées d'elles ; Dieu y pourvoit ; courons.
– Où me mènes-tu ? où allons-nous ? que ferons-nous sans
15 Cunégonde ? disait Candide. – Par saint Jacques de Compostelle[1],
dit Cacambo, vous alliez faire la guerre aux jésuites[2] ; allons la
faire pour eux : je sais assez les chemins, je vous mènerai dans leur
royaume, ils seront charmés d'avoir un capitaine qui fasse l'exer-
cice à la bulgare[3] ; vous ferez une fortune prodigieuse : quand on
20 n'a pas son compte dans un monde, on le trouve dans un autre.
C'est un très grand plaisir de voir et de faire des choses nouvelles.
– Tu as donc été déjà dans le Paraguai ? dit Candide. – Eh
vraiment oui ! dit Cacambo ; j'ai été cuistre[4] dans le collège de
l'Assomption[5], et je connais le gouvernement de Los Padres[6]
25 comme je connais les rues de Cadix. C'est une chose admirable
que ce gouvernement. Le royaume a déjà plus de trois cents
lieues[7] de diamètre ; il est divisé en trente provinces. Los Padres y
ont tout, et les peuples rien ; c'est le chef-d'œuvre de la raison et
de la justice. Pour moi, je ne vois rien de si divin que Los Padres,
30 qui font ici la guerre au roi d'Espagne et au roi de Portugal, et
qui en Europe confessent ces rois ; qui tuent ici des Espagnols, et
qui à Madrid les envoient au ciel : cela me ravit ; avançons : vous
allez être le plus heureux de tous les hommes. Quel plaisir auront
Los Padres quand ils sauront qu'il leur vient un capitaine qui sait
35 l'exercice bulgare ! »
Dès qu'ils furent arrivés à la première barrière, Cacambo dit à
la garde avancée qu'un capitaine demandait à parler à monsei-
gneur le commandant. On alla avertir la grande garde. Un offi-
cier paraguain courut aux pieds du commandant lui donner part

notes

1. saint Jacques de Compostelle : en Espagne, lieu de pèlerinage célèbre.
2. jésuites : ordre religieux fondé en 1540 par Ignace de Loyola.

3. bulgare : relatif aux tribus installées en Turquie et en Russie (ne désigne pas un pays défini).
4. cuistre : valet (terme péjoratif).

5. Assomption : Asunción est la capitale du Paraguay.
6. Los Padres : les pères jésuites.
7. trois cents lieues : environ 1 200 km.

40 de la nouvelle. Candide et Cacambo furent d'abord désarmés : on se saisit de leurs deux chevaux andalous. Les deux étrangers sont introduits au milieu de deux files de soldats ; le commandant était au bout, le bonnet à trois cornes[1] en tête, la robe retroussée, l'épée au côté, l'esponton[2] à la main. Il fit un signe ; aussitôt vingt-quatre

45 soldats entourent les deux nouveaux venus. Un sergent leur dit qu'il faut attendre, que le commandant ne peut leur parler, que le révérend père provincial ne permet pas qu'aucun Espagnol ouvre la bouche qu'en sa présence, et demeure plus de trois heures dans le pays. « Et où est le révérend père provincial ? dit Cacambo. – Il

50 est à la parade après avoir dit sa messe, répondit le sergent, et vous ne pourrez baiser ses éperons que dans trois heures. – Mais, dit Cacambo, monsieur le capitaine, qui meurt de faim comme moi, n'est point espagnol, il est allemand ; ne pourrions-nous point déjeuner en attendant Sa Révérence ? »

55 Le sergent alla sur-le-champ rendre compte de ce discours au commandant. « Dieu soit béni ! dit ce seigneur, puisqu'il est allemand, je peux lui parler ; qu'on le mène dans ma feuillée[3]. » Aussitôt on conduit Candide dans un cabinet de verdure, orné d'une très jolie colonnade de marbre vert et or, et de treillages qui

60 renfermaient des perroquets, des colibris, des oiseaux-mouches, des pintades, et tous les oiseaux les plus rares. Un excellent déjeuner était préparé dans des vases d'or ; et tandis que les Paraguains mangèrent du maïs dans des écuelles de bois, en plein champ, à l'ardeur du soleil, le révérend père commandant entra dans la

65 feuillée.

C'était un très beau jeune homme, le visage plein, assez blanc, haut en couleur, le sourcil relevé, l'œil vif, l'oreille rouge, les lèvres vermeilles, l'air fier, mais d'une fierté qui n'était ni celle d'un

notes ..

1. bonnet à trois cornes : coiffure des jésuites.
2. esponton : demi-pique en

usage dans l'infanterie française.
3. feuillée : abri de feuillage.

Espagnol ni celle d'un jésuite. On rendit à Candide et à Cacambo
70 leurs armes, qu'on leur avait saisies, ainsi que les deux chevaux
andalous ; Cacambo leur fit manger l'avoine auprès de la feuillée,
ayant toujours l'œil sur eux, crainte de surprise[1].

Candide baisa d'abord le bas de la robe du commandant, ensuite
ils se mirent à table. « Vous êtes donc allemand ? lui dit le jésuite
75 en cette langue. – Oui, mon révérend père », dit Candide. L'un et
l'autre, en prononçant ces paroles, se regardaient avec une extrê-
me surprise, et une émotion dont ils n'étaient pas les maîtres. « Et
de quel pays d'Allemagne êtes-vous ? dit le jésuite. – De la sale
province de Vestphalie[2], dit Candide ; je suis né dans le château de
80 Thunder-ten-tronckh. – Ô Ciel ! est-il possible ! s'écria le com-
mandant. – Quel miracle ! s'écria Candide. – Serait-ce vous ? dit
le commandant. – Cela n'est pas possible », dit Candide. Ils se lais-
sent tomber tous deux à la renverse, ils s'embrassent, ils versent
des ruisseaux de larmes. « Quoi ! serait-ce vous, mon révérend
85 père ? vous, le frère de la belle Cunégonde ! vous, qui fûtes tué
par les Bulgares[3] ! vous, le fils de monsieur le baron ! vous, jésui-
te au Paraguai ! Il faut avouer que ce monde est une étrange
chose. Ô Pangloss ! Pangloss ! que vous seriez aise[4] si vous n'aviez
pas été pendu ! »

90 Le commandant fit retirer les esclaves nègres et les Paraguains
qui servaient à boire dans des gobelets de cristal de roche. Il
remercia Dieu et saint Ignace[5] mille fois ; il serrait Candide entre
ses bras, leurs visages étaient baignés de pleurs. « Vous seriez bien
plus étonné, plus attendri, plus hors de vous-même, dit Candide,
95 si je vous disais que mademoiselle Cunégonde, votre sœur, que

notes ..

1. crainte de surprise : par
crainte d'une mauvaise
surprise.
2. Vestphalie : Westphalie
(province de l'Allemagne).
Candide y est né (chapitre 1).

3. Bulgares : allusion au
chapitre 3.
4. vous seriez aise : vous
seriez satisfait.

5. saint Ignace : saint Ignace
de Loyola (XVIᵉ siècle),
fondateur de l'ordre des
Jésuites (Compagnie de
Jésus).

vous avez crue éventrée, est pleine de santé. – Où ? – Dans votre voisinage, chez monsieur le gouverneur de Buenos-Ayres ; et je venais pour vous faire la guerre. » Chaque mot qu'ils prononcèrent dans cette longue conversation accumulait prodige sur prodige. Leur âme tout entière volait sur leur langue, était attentive dans leurs oreilles, et étincelante dans leurs yeux. Comme ils étaient allemands, ils tinrent table longtemps, en attendant le révérend père provincial ; et le commandant parla ainsi à son cher Candide.

Le gouverneur don Fernando reçoit Candide, la vieille et Cunégonde (chap. 13), gravure de D. Chodowiecki, Berlin, 1778.

chapitre quinzième

C omment Candide tua le frère de sa chère Cunégonde

« J'aurai toute ma vie présent à la mémoire le jour horrible où je vis tuer mon père et ma mère, et violer ma sœur. Quand les Bulgares[1] furent retirés, on ne trouva point cette sœur adorable, et on mit dans une charrette ma mère, mon père, et moi, deux
5 servantes et trois petits garçons égorgés, pour nous aller enterrer dans une chapelle de jésuites[2], à deux lieues[3] du château de mes pères. Un jésuite nous jeta de l'eau bénite ; elle était horriblement salée ; il en entra quelques gouttes dans mes yeux : le père s'aperçut que ma paupière faisait un petit mouvement : il mit la main
10 sur mon cœur, et le sentit palpiter ; je fus secouru, et au bout de trois semaines il n'y paraissait pas. Vous savez, mon cher Candide,

notes

1. Bulgares : ce nom renvoie à des tribus installées en Turquie et en Russie, il ne désigne pas un pays défini.

2. jésuites : ordre religieux fondé en 1540 par Ignace de Loyola.

3. deux lieues : environ 9 km.

que j'étais fort joli ; je le devins encore davantage ; aussi le révérend père Croust, supérieur de la maison, prit pour moi la plus tendre amitié : il me donna l'habit de novice[1] ; quelque temps après je fus envoyé à Rome. Le père général[2] avait besoin d'une recrue de jeunes jésuites allemands. Les souverains du Paraguai reçoivent le moins qu'ils peuvent de jésuites espagnols ; ils aiment mieux les étrangers, dont ils se croient plus maîtres. Je fus jugé propre par le révérend père général pour aller travailler dans cette vigne[3]. Nous partîmes, un Polonais, un Tyrolien et moi. Je fus honoré, en arrivant, du sous-diaconat[4] et d'une lieutenance ; je suis aujourd'hui colonel et prêtre. Nous recevons vigoureusement les troupes du roi d'Espagne ; je vous réponds qu'elles seront excommuniées[5] et battues. La Providence vous envoie ici pour nous seconder. Mais est-il bien vrai que ma chère sœur Cunégonde soit dans le voisinage, chez le gouverneur de Buenos-Ayres ? » Candide l'assura par serment que rien n'était plus vrai. Leurs larmes recommencèrent à couler.

Le baron ne pouvait se lasser d'embrasser Candide ; il l'appelait son frère, son sauveur. « Ah ! peut-être, lui dit-il, nous pourrons ensemble, mon cher Candide, entrer en vainqueurs dans la ville, et reprendre ma sœur Cunégonde. – C'est tout ce que je souhaite, dit Candide ; car je comptais l'épouser, et je l'espère encore. – Vous, insolent ! répondit le baron, vous auriez l'impudence d'épouser ma sœur, qui a soixante et douze quartiers[6] ! Je vous trouve bien effronté d'oser me parler d'un dessein si téméraire ! » Candide, pétrifié d'un tel discours, lui répondit : « Mon révérend

notes

1. novice : religieux qui vient de prendre l'habit et n'a pas encore prononcé ses vœux définitifs.

2. père général : expression employée pour désigner le supérieur de l'ordre des Jésuites.

3. vigne : allusion à l'Évangile qui représente les disciples du Christ comme les ouvriers d'une vigne.

4. sous-diaconat : ordre mineur dans la religion catholique (en dessous du diaconat et de la prêtrise).

5. excommuniées : exclues des sacrements catholiques.

6. quartiers : ascendants dont la noblesse est certaine (64 ascendants représentent six générations).

père, tous les quartiers du monde n'y font rien ; j'ai tiré votre sœur des bras d'un juif et d'un inquisiteur ; elle m'a assez d'obli-
40 gations, elle veut m'épouser. Maître Pangloss m'a toujours dit que les hommes sont égaux ; et assurément je l'épouserai. – C'est ce que nous verrons, coquin[1] ! » dit le jésuite baron de Thunder-ten-tronckh ; et en même temps il lui donna un grand coup du plat de son épée sur le visage. Candide dans l'instant tire la sienne, et
45 l'enfonce jusqu'à la garde dans le ventre du baron jésuite ; mais en la retirant toute fumante, il se mit à pleurer : « Hélas ! mon Dieu, dit-il, j'ai tué mon ancien maître, mon ami, mon beau-frère ; je suis le meilleur homme du monde, et voilà déjà trois hommes que je tue ; et dans ces trois il y a deux prêtres. »
50 Cacambo, qui faisait sentinelle à la porte de la feuillée[2], accourut. « Il ne nous reste qu'à vendre cher notre vie, lui dit son maître ; on va, sans doute, entrer dans la feuillée ; il faut mourir les armes à la main. » Cacambo, qui en avait bien vu d'autres, ne perdit point la tête ; il prit la robe de jésuite que portait le baron,
55 la mit sur le corps de Candide, lui donna le bonnet carré[3] du mort, et le fit monter à cheval. Tout cela se fit en un clin d'œil. « Galopons, mon maître ; tout le monde vous prendra pour un jésuite qui va donner des ordres ; et nous aurons passé les frontières avant qu'on puisse courir après nous. » Il volait déjà en
60 prononçant ces paroles, et en criant en espagnol : « Place, place pour le révérend père colonel ! »

notes ..

1. coquin : roturier, homme de naissance modeste.

2. feuillée : abri de feuilles.

3. bonnet carré : la base de la coiffure à trois cornes des jésuites est carrée.

Chapitre seizième

Ce qui advint aux deux voyageurs avec deux filles, deux singes, et les sauvages nommés Oreillons

Candide et son valet furent au-delà des barrières, et personne ne savait encore dans le camp la mort du jésuite[1] allemand. Le vigilant Cacambo avait eu soin de remplir sa valise[2] de pain, de chocolat, de jambon, de fruits et de quelques mesures de vin. Ils
5 s'enfoncèrent avec leurs chevaux andalous dans un pays inconnu où ils ne découvrirent aucune route. Enfin une belle prairie entrecoupée de ruisseaux se présenta devant eux. Nos deux voyageurs font repaître[3] leurs montures. Cacambo propose à son maître de manger, et lui en donne l'exemple. « Comment veux-
10 tu, disait Candide, que je mange du jambon, quand j'ai tué le fils de monsieur le baron, et que je me vois condamné à ne revoir la

notes

1. jésuite : membre de l'ordre religieux fondé en 1540 par Ignace de Loyola.

2. valise : sac que l'on peut disposer sur la croupe du cheval.

3. repaître : paître.

belle Cunégonde de ma vie ? À quoi me servira de prolonger mes misérables jours, puisque je dois les traîner loin d'elle dans les remords et dans le désespoir ? Et que dira le *Journal de Trévoux*[1] ? »

15 En parlant ainsi, il ne laissa pas de manger[2]. Le soleil se couchait. Les deux égarés entendirent quelques petits cris qui paraissaient poussés par des femmes. Ils ne savaient si ces cris étaient de douleur ou de joie ; mais ils se levèrent précipitamment avec cette inquiétude et cette alarme[3] que tout inspire dans un pays incon-

20 nu. Ces clameurs partaient de deux filles toutes nues qui couraient légèrement au bord de la prairie, tandis que deux singes les suivaient en leur mordant les fesses. Candide fut touché de pitié ; il avait appris à tirer chez les Bulgares[4], et il aurait abattu une noisette dans un buisson sans toucher aux feuilles. Il prend son fusil

25 espagnol à deux coups, tire, et tue les deux singes. « Dieu soit loué, mon cher Cacambo ! j'ai délivré d'un grand péril ces deux pauvres créatures : si j'ai commis un péché en tuant un inquisiteur[5] et un jésuite, je l'ai bien réparé en sauvant la vie à deux filles. Ce sont peut-être deux demoiselles de condition[6], et cette aven-

30 ture nous peut procurer de très grands avantages dans le pays. »

Il allait continuer, mais sa langue devint percluse[7] quand il vit ces deux filles embrasser tendrement les deux singes, fondre en larmes sur leurs corps, et remplir l'air des cris les plus douloureux. « Je ne m'attendais pas à tant de bonté d'âme », dit-il enfin à

35 Cacambo ; lequel lui réplique : « Vous avez fait là un beau chef-d'œuvre, mon maître ; vous avez tué les deux amants[8] de ces demoiselles. – Leurs amants ! serait-il possible ? Vous vous moquez

notes

1. *Journal de Trévoux* : revue littéraire fondée par les jésuites, très hostile à Voltaire ; le véritable titre est *Mémoire de Trévoux*.
2. **il ne laissa pas de manger** : il mangea cependant.
3. **alarme** : vive inquiétude.
4. **Bulgares** : ce nom renvoie à des tribus installées en Turquie et en Russie, il ne désigne pas un pays défini.
5. **inquisiteur** : membre du tribunal de l'Inquisition.
6. **de condition** : de noble condition.
7. **percluse** : paralysée.
8. **amants** : soupirants (langage de la galanterie).

**Cacambo et Candide prêt à tirer sur les singes
(à gauche sur la gravure),
gravure d'Emmanuel Jean Nepomucène de Ghendt.**

de moi, Cacambo ; le moyen de vous croire ? – Mon cher maître, repartit Cacambo, vous êtes toujours étonné de tout ; pourquoi

40 trouvez-vous si étrange que dans quelques pays il y ait des singes qui obtiennent les bonnes grâces des dames ? Ils sont des quarts d'homme, comme je suis un quart d'Espagnol[1]. – Hélas ! reprit Candide, je me souviens d'avoir entendu dire à maître Pangloss qu'autrefois pareils accidents étaient arrivés, et que ces mélanges

45 avaient produit des égypans[2], des faunes[3], des satyres[4] ; que plusieurs grands personnages de l'Antiquité en avaient vu ; mais je prenais cela pour des fables. – Vous devez être convaincu à présent, dit Cacambo, que c'est une vérité, et vous voyez comment en usent les personnes qui n'ont pas reçu une certaine éducation ;

50 tout ce que je crains, c'est que ces dames ne nous fassent quelque méchante affaire. »

Ces réflexions solides engagèrent Candide à quitter la prairie, et à s'enfoncer dans un bois. Il y soupa avec Cacambo ; et tous deux, après avoir maudit l'inquisiteur de Portugal, le gouverneur

55 de Buenos-Ayres, et le baron, s'endormirent sur de la mousse. À leur réveil, ils sentirent qu'ils ne pouvaient remuer ; la raison en était que pendant la nuit les Oreillons, habitants du pays, à qui les deux dames les avaient dénoncés, les avaient garrottés avec des cordes d'écorces d'arbre. Ils étaient entourés d'une cinquantaine

60 d'Oreillons tout nus, armés de flèches, de massues et de haches de caillou : les uns faisaient bouillir une grande chaudière[5] ; les autres préparaient des broches, et tous criaient : « C'est un jésuite, c'est un jésuite ! nous serons vengés, et nous ferons bonne chère[6] ; mangeons du jésuite, mangeons du jésuite ! »

notes

1. quart d'Espagnol : un de ses grands-parents était espagnol.

2. égypans : divinités avec des cornes, des pieds de chèvre et une tête humaine.

3. faunes : divinités velues, avec des cornes, des pieds de chèvre et une tête humaine.

4. satyres : divinités avec de petites cornes, des jambes de bouc et une tête humaine.

5. chaudière : grand chaudron.

6. nous ferons bonne chère : nous aurons une nourriture abondante.

113

65 « Je vous l'avais bien dit, mon cher maître, s'écria tristement Cacambo, que ces deux filles nous joueraient d'un mauvais tour[1]. » Candide, apercevant la chaudière et les broches, s'écria : « Nous allons certainement être rôtis ou bouillis. Ah ! que dirait maître Pangloss, s'il voyait comme la pure nature est faite ? Tout 70 est bien ; soit, mais j'avoue qu'il est bien cruel d'avoir perdu mademoiselle Cunégonde et d'être mis à la broche par des Oreillons. » Cacambo ne perdait jamais la tête. « Ne désespérez de rien, dit-il au désolé Candide ; j'entends un peu le jargon de ces peuples, je vais leur parler. – Ne manquez pas, dit Candide, de leur 75 représenter quelle est l'inhumanité affreuse de faire cuire des hommes, et combien cela est peu chrétien. »

« Messieurs, dit Cacambo, vous comptez donc manger aujourd'hui un jésuite ? C'est très bien fait ; rien n'est plus juste que de traiter ainsi ses ennemis. En effet le droit naturel[2] nous enseigne 80 à tuer notre prochain, et c'est ainsi qu'on en agit dans toute la terre. Si nous n'usons pas du droit de le manger, c'est que nous avons d'ailleurs de quoi faire bonne chère ; mais vous n'avez pas les mêmes ressources que nous ; certainement il vaut mieux manger ses ennemis que d'abandonner aux corbeaux et aux corneilles 85 le fruit de sa victoire. Mais, messieurs, vous ne voudriez pas manger vos amis. Vous croyez aller mettre un jésuite en broche, et c'est votre défenseur, c'est l'ennemi de vos ennemis que vous allez rôtir. Pour moi, je suis né dans votre pays ; monsieur que vous voyez est mon maître, et bien loin d'être jésuite, il vient de tuer 90 un jésuite, il en porte les dépouilles[3] ; voilà le sujet de votre méprise. Pour vérifier ce que je vous dis, prenez sa robe, portezla à la première barrière du royaume de Los Padres[4] ; informez-

notes

1. d'un mauvais tour : un mauvais tour.
2. droit naturel : ensemble de règles fondées sur la nature de l'homme.

3. dépouilles : ici, habits.
4. Los Padres : en espagnol, « les Pères », c'est-à-dire les pères jésuites.

114

Candide (Daniel Russo)
et Cacambo (Bernard Allouf)
prisonniers des Oreillons,
mise en scène de
Jean-Claude Amyl,
théâtre de Chaillot, 1978.

Version cinématographique
de la même scène (film de
Norbert Carbonnaux, 1960).

vous si mon maître n'a pas tué un officier jésuite. Il vous faudra peu de temps ; vous pourrez toujours nous manger, si vous trouvez que je vous ai menti. Mais, si je vous ai dit la vérité, vous connaissez trop les principes du droit public[1], les mœurs et les lois, pour ne nous pas faire grâce. »

Les Oreillons trouvèrent ce discours très raisonnable ; ils députèrent[2] deux notables pour aller en diligence[3] s'informer de la vérité ; les deux députés[4] s'acquittèrent de leur commission en gens d'esprit, et revinrent bientôt apporter de bonnes nouvelles. Les Oreillons délièrent leurs deux prisonniers, leur firent toutes sortes de civilités, leur offrirent des filles, leur donnèrent des rafraîchissements[5], et les reconduisirent jusqu'aux confins de leurs États, en criant avec allégresse : « Il n'est point jésuite, il n'est point jésuite ! »

Candide ne se lassait point d'admirer le sujet de sa délivrance. « Quel peuple ! disait-il, quels hommes ! quelles mœurs ! Si je n'avais pas eu le bonheur de donner un grand coup d'épée au travers du corps du frère de mademoiselle Cunégonde, j'étais mangé sans rémission[6]. Mais, après tout, la pure nature est bonne, puisque ces gens-ci, au lieu de me manger, m'ont fait mille honnêtetés[7] dès qu'ils ont su que je n'étais pas jésuite. »

notes

1. droit public : droit international qui régit les relations entre les États.
2. députèrent : envoyèrent.
3. en diligence : rapidement.

4. députés : personnes mandatées.
5. rafraîchissements : ici, boissons et nourritures légères.
6. sans rémission : sans possibilité d'en échapper

ou sans avoir obtenu le pardon des péchés.
7. honnêtetés : civilités, marques de politesse.

Chapitre dix-septième

Arrivée de Candide et de son valet au pays d'Eldorado, et ce qu'ils y virent

Quand ils furent aux frontières des Oreillons : « Vous voyez, dit Cacambo à Candide, que cet hémisphère-ci ne vaut pas mieux que l'autre ; croyez-moi, retournons en Europe par le plus court.
– Comment y retourner, dit Candide ; et où aller ? Si je vais dans
5 mon pays, les Bulgares[1] et les Abares[2] y égorgent tout ; si je retourne en Portugal, j'y suis brûlé ; si nous restons dans ce pays-ci, nous risquons à tout moment d'être mis en broche. Mais comment se résoudre à quitter la partie du monde que mademoiselle Cunégonde habite ?
10 – Tournons vers la Cayenne[3], dit Cacambo, nous y trouverons des Français, qui vont par tout le monde ; ils pourront nous aider. Dieu aura peut-être pitié de nous. »

notes

1. Bulgares : ce nom renvoie à des tribus installées en Turquie et en Russie, il ne désigne pas un pays défini.

2. Abares : peuple d'origine mongole qui envahit l'Europe orientale du VIe au IXe siècle.

3. la Cayenne : partie de la Guyane.

Il n'était pas facile d'aller à la Cayenne ; ils savaient bien à peu près de quel côté il fallait marcher ; mais des montagnes, des
15 fleuves, des précipices, des brigands, des sauvages, étaient partout de terribles obstacles. Leurs chevaux moururent de fatigue ; leurs provisions furent consumées[1] ; ils se nourrirent un mois entier de fruits sauvages, et se trouvèrent enfin auprès d'une petite rivière bordée de cocotiers, qui soutinrent leur vie et leurs espérances.
20 Cacambo, qui donnait toujours d'aussi bons conseils que la vieille, dit à Candide : « Nous n'en pouvons plus, nous avons assez marché ; j'aperçois un canot vide sur le rivage, emplissons-le de cocos, jetons-nous dans cette petite barque, laissons-nous aller au courant ; une rivière mène toujours à quelque endroit habité. Si
25 nous ne trouvons pas des choses agréables, nous trouverons du moins des choses nouvelles. – Allons, dit Candide, recommandons-nous à la Providence[2]. »

Ils voguèrent quelques lieues entre des bords tantôt fleuris, tantôt arides, tantôt unis, tantôt escarpés. La rivière s'élargissait
30 toujours ; enfin elle se perdait sous une voûte de rochers épouvantables qui s'élevaient jusqu'au ciel. Les deux voyageurs eurent la hardiesse de s'abandonner aux flots sous cette voûte. Le fleuve, resserré en cet endroit, les porta avec une rapidité et un bruit horribles. Au bout de vingt-quatre heures ils revirent le jour ; mais
35 leur canot se fracassa contre les écueils ; il fallut se traîner de rocher en rocher pendant une lieue[3] entière ; enfin ils découvrirent un horizon immense, bordé de montagnes inaccessibles. Le pays était cultivé pour le plaisir comme pour le besoin ; partout l'utile était agréable. Les chemins étaient couverts ou plutôt
40 ornés de voitures d'une forme et d'une matière brillante, portant

notes ..

1. **consumées** : consommées.
2. **la Providence** : Dieu ; dans cette phrase, la théorie
de l'optimisme et la religion sont confondues.
3. **une lieue** : 4,5 km environ.

des hommes et des femmes d'une beauté singulière, traînés rapidement par de gros moutons rouges[1] qui surpassaient en vitesse les plus beaux chevaux d'Andalousie, de Tétuan[2] et de Méquinez[3].

45 « Voilà pourtant, dit Candide, un pays qui vaut mieux que la Vestphalie[4]. » Il mit pied à terre avec Cacambo auprès du premier village qu'il rencontra. Quelques enfants du village, couverts de brocarts[5] d'or tout déchirés, jouaient au palet[6] à l'entrée du bourg ; nos deux hommes de l'autre monde s'amusèrent à les 50 regarder : leurs palets étaient d'assez larges pièces rondes, jaunes, rouges, vertes, qui jetaient un éclat singulier. Il prit envie aux voyageurs d'en ramasser quelques-uns ; c'était de l'or, c'était des émeraudes, des rubis, dont le moindre aurait été le plus grand ornement du trône du Mogol[7]. « Sans doute, dit Cacambo, ces 55 enfants sont les fils du roi du pays, qui jouent au petit palet. » Le magister[8] du village parut dans ce moment pour les faire rentrer à l'école. « Voilà, dit Candide, le précepteur de la famille royale. »

Les petits gueux[9] quittèrent aussitôt le jeu, en laissant à terre leurs palets, et tout ce qui avait servi à leurs divertissements. 60 Candide les ramasse, court au précepteur, et les lui présente humblement, lui faisant entendre[10] par signes que leurs altesses royales avaient oublié leur or et leurs pierreries. Le magister du village, en souriant, les jeta par terre, regarda un moment la figure de Candide avec beaucoup de surprise, et continua son chemin.

notes

1. gros moutons rouges : lamas du Pérou.

2. Tétuan : Tétouan, royaume de Fès réputé pour ses chevaux arabes.

3. Méquinez : Meknès, ville du Maroc.

4. Vestphalie : Westphalie (province de l'Allemagne).

5. brocarts : riches tissus de soie brodée souvent avec de l'or ou de l'argent.

6. palet : jeu qui consiste à jeter un palet le plus près possible du but.

7. Mogol : souverain de l'Empire mongol qui s'étendait, au XIV[e] siècle, de la Chine à la Hongrie.

8. magister : maître, à la campagne.

9. petits gueux : enfants misérables.

10. entendre : comprendre.

65 Les voyageurs ne manquèrent pas de ramasser l'or, les rubis et les émeraudes. « Où sommes-nous ? s'écria Candide. Il faut que les enfants des rois de ce pays soient bien élevés, puisqu'on leur apprend à mépriser l'or et les pierreries. » Cacambo était aussi surpris que Candide. Ils approchèrent enfin de la première
70 maison du village ; elle était bâtie comme un palais d'Europe. Une foule de monde s'empressait à la porte, et encore plus dans le logis ; une musique très agréable se faisait entendre, et une odeur délicieuse de cuisine se faisait sentir. Cacambo s'approcha de la porte, et entendit qu'on parlait péruvien ; c'était sa langue
75 maternelle ; car tout le monde sait que Cacambo était né au Tucuman[1], dans un village où l'on ne connaissait que cette langue. « Je vous servirai d'interprète, dit-il à Candide ; entrons, c'est ici un cabaret. »

 Aussitôt deux garçons et deux filles de l'hôtellerie, vêtus de
80 drap d'or, et les cheveux renoués avec des rubans, les invitent à se mettre à la table de l'hôte. On servit quatre potages garnis chacun de deux perroquets, un contour[2] bouilli qui pesait deux cents livres[3], deux singes rôtis d'un goût excellent, trois cents colibris dans un plat, et six cents oiseaux-mouches dans un autre ; des
85 ragoûts exquis, des pâtisseries délicieuses ; le tout dans des plats d'une espèce de cristal de roche. Les garçons et les filles de l'hôtellerie versaient plusieurs liqueurs faites de canne de sucre.

 Les convives étaient pour la plupart des marchands et des voituriers, tous d'une politesse extrême, qui firent quelques ques-
90 tions à Cacambo avec la discrétion la plus circonspecte[4], et qui répondirent aux siennes d'une manière à le satisfaire.

 Quand le repas fut fini, Cacambo crut, ainsi que Candide, bien payer son écot[5] en jetant sur la table de l'hôte deux de ces larges

notes

1. **Tucuman** : province limitrophe du Pérou.
2. **contour** : condor.

3. **deux cents livres** : plus de 64 kilos.
4. **circonspecte** : réservée.

5. **payer son écot** : payer sa part.

95 pièces d'or qu'il avait ramassées ; l'hôte et l'hôtesse éclatèrent de
rire, et se tinrent longtemps les côtés. Enfin ils se remirent.
« Messieurs, dit l'hôte, nous voyons bien que vous êtes des étran-
gers ; nous ne sommes pas accoutumés à en voir. Pardonnez-nous
si nous nous sommes mis à rire quand vous nous avez offert en
payement les cailloux de nos grands chemins. Vous n'avez pas sans
100 doute de la monnaie du pays, mais il n'est pas nécessaire d'en
avoir pour dîner ici. Toutes les hôtelleries établies pour la com-
modité du commerce sont payées par le gouvernement. Vous avez
fait mauvaise chère[1] ici, parce que c'est un pauvre village ; mais
partout ailleurs vous serez reçus comme vous méritez de l'être. »
105 Cacambo expliquait à Candide tous les discours de l'hôte, et
Candide les écoutait avec la même admiration et le même égare-
ment que son ami Cacambo les rendait. « Quel est donc ce pays,
disaient-ils l'un et l'autre, inconnu à tout le reste de la terre, et où
toute la nature est d'une espèce si différente de la nôtre ? C'est
110 probablement le pays où tout va bien : car il faut absolument qu'il
y en ait un de cette espèce. Et, quoi qu'en dit maître Pangloss, je
me suis souvent aperçu que tout allait mal en Vestphalie. »

suite, p. 133

note ...

1. fait mauvaise chère : été
mal nourris.

« Le pays où tout va bien »

Lecture analytique de l'extrait, p. 120, l. 65, à p. 121, l. 112.

Les chapitres 17 et 18 constituent, au centre du conte, une petite parenthèse coupée du Mal déployé dans le reste du récit. Petit monde clos et inaccessible, si l'on considère les embûches exposées au début du chapitre 17, l'Eldorado est clairement présenté comme « *le pays où tout va bien* », par opposition au monde où tout va mal. La veine réaliste et cruelle s'interrompt pour laisser la place à la fiction et au merveilleux, dans la pure tradition du conte. Dans ce pays, en effet, règnent la richesse, la beauté, la science, l'harmonie... On embrasse le roi sur les deux joues et les prisons n'existent pas.

L'Eldorado est une utopie (voir pages 124-125, 127) dont il convient de chercher le sens. On ne saurait se contenter d'invoquer le genre du conte ou la mode de l'utopie et l'on doit considérer que le lecteur n'est pas aussi ignorant que Candide dans ces chapitres. Si Candide se demande où il se trouve, le lecteur est, quant à lui, averti depuis le titre du chapitre 17 qu'il se trouve en pleine utopie. Et il devine, à chaque pas des personnages, les valeurs prônées par Voltaire : tolérance et liberté, science et commerce... La critique du réel est sous-jacente, car la réalité apparaît d'autant plus noire que l'Eldorado est lumineux.

Modèle et instrument au service de la critique, l'Eldorado joue également un rôle important dans l'évolution de Candide. Au regard de ce monde merveilleux, il s'interroge sur la philosophie de Pangloss et acquiert progressivement une certaine autonomie. Si l'on met en parallèle la baronnie du chapitre 1 et l'Eldorado, on voit deux paradis qui se font écho. À la seule différence que Candide quitte volontairement l'Eldorado, alors qu'il a été chassé de la baronnie.

Mais pourquoi quitter l'Eldorado ? Le pays merveilleux est trop stable et parfait pour Candide et Cacambo. Le désir n'a pas sa place, ni la puissance. Candide préfère partir à la recherche de Cunégonde avec plus que l'or nécessaire pour acheter un royaume. Il n'a pas acquis la sagesse et ne peut se satisfaire de la perfection. Le monde « *où tout va bien* » est tellement beau que l'on comprend bien qu'il ne peut exister. Et si, par hasard, il s'avérait qu'il puisse exister, nous ne serions pas assez raisonnables pour l'apprécier. Telle est peut-être la leçon de l'Eldorado, celle qui nous renvoie sur nos routes en compagnie de Candide et de Cacambo.

La dynamique du récit

Le texte narratif, qui s'inscrit dans un espace défini par diverses catégories d'indicateurs de lieu (adverbes, groupes nominaux, propositions...), se déroule selon une trame temporelle que révèlent les adverbes de temps, les subordonnées temporelles, les verbes. Au passé, le temps principal du récit est le passé simple ; exprimant une action limitée dans le temps, il permet aussi d'exprimer un enchaînement d'actions caractéristique du récit. Ce sont les personnages qui constituent les éléments moteurs permettant de passer d'une action à une autre, d'un lieu à un autre.

La progression chronologique du récit peut se doubler d'une progression spatiale, mais aussi de toutes autres sortes d'évolutions : du récit au discours, du récit au dialogue, du récit à la réflexion, du particulier au général...

Pour séduire le lecteur, le récit doit être dynamique. Imitant la souplesse du réel, l'auteur peut choisir de varier les formes, les temps, le ton. Les *Fables* de La Fontaine constituent les meilleurs exemples de cette diversité dynamique du récit.

............................ **Les marques du récit**

❶ Quel est, dans l'extrait, le décor de l'action ?

❷ Quelles sont, dans l'extrait, les marques temporelles du récit ?

❸ Classez les personnages en allant du singulier vers le pluriel.

............................ **La progression du récit**

❹ Dans quelle mesure peut-on dire que les personnages passent de l'action à la communication ?

❺ Quel rôle joue, dans la progression du récit, le passage en discours direct* qui clôt le chapitre 17 ?

............................ **La dynamique du récit**

❻ Quels sont les principaux temps présents dans l'extrait ? Dans quelle mesure cette diversité des temps contribue-t-elle à rendre le récit dynamique ?

❼ En quoi le mot *surprise* peut-il résumer la rencontre entre les deux mondes ?

Les formes d'une utopie

Les conquistadores espagnols rêvaient de découvrir la contrée fabuleuse habitée par les descendants des Incas. Mais, au XVIIIe siècle, l'*Encyclopédie* refuse de considérer l'existence de ce pays qui appartient plutôt au domaine des mythes. Suivant la mode des utopies (voir page 127), Voltaire reprend les caractéristiques du genre : le pays de rêve est coupé du reste du monde et tout s'y présente sur le mode du mélioratif* et de l'hyperbole*.

Le monde utopique, selon la tradition du carnaval populaire où toutes les structures sont inversées, se présente souvent comme un monde à l'envers.

* Cf. Lexique.

Extrait, pp. 120 et 121

Le mode mélioratif* ====

❽ Relevez, dans l'extrait, le champ lexical* de l'exotisme, puis celui de la richesse.

❾ Dans quelle mesure l'Eldorado est-il un monde où règne l'harmonie ?

❿ Relevez, dans l'extrait, les différentes formes de l'hyperbole* et commentez la signification de ce procédé*.

==== **Le monde à l'envers** ====

⓫ En quoi l'Eldorado apparaît-il comme inversé par rapport à la réalité que connaissent Candide et Cacambo ?

La double fonction du passage

D'une part, on peut lire *Candide* comme une sorte de roman d'initiation ou d'éducation. On regroupe sous le terme d'*initiation* tout ce qui permet à un personnage d'évoluer, d'accéder à l'âge adulte (les rites initiatiques dans certaines tribus) ou à la sagesse. Les récits d'initiation sont courants dans la littérature, de l'*Odyssée* d'Homère, dans laquelle Ulysse doit prouver sa sagesse pour avoir le droit de rentrer en Ithaque, aux romans d'éducation si nombreux au XIXe siècle, tels que *Le Père Goriot* de Balzac ou *L'Éducation sentimentale* de Flaubert.

D'autre part, l'Eldorado est destiné à instruire le lecteur et à véhiculer les modèles et les critiques de Voltaire. En effet, l'utopie est un monde coupé du réel mais qui, nécessairement, se définit par rapport au réel. Monde amélioré ou monde à l'envers, l'utopie donne une image de la réalité en montrant, *a contrario*, les défauts de la société existante et en exprimant les aspirations des hommes.

==== **L'évolution de Candide** ====

⓬ En quoi peut-on voir l'évolution de Candide ?

* *Cf.* Lexique.

... **La leçon de l'Eldorado** ..

⓭ Sur quels éléments porte la critique de Voltaire au travers de l'Eldorado ?

⓮ Dans quelle mesure l'Eldorado est-il présenté ici comme un modèle ?

⓯ Comment apparaissent, dans ce chapitre, les relations entre maîtres et valets ?

Candide (Mathieu Loiseau) et Cacambo (William Mingau-Darlin) dînent à l'hôtellerie, mise en scène de Vincent Colin, 1995.

Des utopies renversantes

Lectures croisées et travaux d'écriture

En 1516, l'humaniste* anglais Thomas More forge le mot latin *utopia* en rapprochant deux termes grecs : *ou*, qui signifie « non », et *topos*, qui veut dire « lieu ». L'île qui, étymologiquement, n'existe « nulle part » fait son apparition dans notre atlas imaginaire. Le mot est né, et avec lui l'idée. Pourtant, le philosophe grec Platon, dans le *Timée* puis dans le *Critias*, évoque bien l'Atlantide, cette île engloutie qui hante encore l'imaginaire de nos contemporains (plongeurs, chercheurs, créateurs) ; mais, si l'Atlantide est bien un « nulle part » inaccessible qui tient son rôle de modèle politique, la fantaisie qui caractérise l'île de Thomas More ou l'Eldorado de Voltaire en est absente. L'Atlantide serait plutôt une Athènes améliorée – ce qui n'est pas le cas de nos utopies depuis la Renaissance.

Avant d'être un modèle à déchiffrer comme un miroir, l'utopie est une île, une étendue de rêve entourée de toutes sortes de mers : les montagnes infranchissables de l'Eldorado, l'espace et le temps autour de l'île des esclaves (Marivaux, voir page 34), l'éther qui nous sépare des Sélénites (Cyrano de Bergerac), l'abîme qui sépare les contingences du réel des possibles multipliés de la fiction (More, Rabelais)… L'utopie est d'abord destinée à nous faire rêver, à nous faire respirer.

Mais il n'est pas interdit d'utiliser la petite bulle d'oxygène irisée de l'utopie comme un miroir, un miroir renversant. Car l'utopie est, au sens comique, renversante. Mais aussi au sens propre : elle nous donne une image inversée de notre réalité (à nous de la décrypter) et nous invite à poser sur nous-mêmes un regard extérieur ; car enfin, que penseraient de nous un moine de Thélème, un Sélénite et un habitant de l'Eldorado ?…

* *Cf.* Lexique.

Platon, *Critias*

Platon (v^e-iv^e siècles av. J.-C.) est un philosophe grec disciple de Socrate dont l'œuvre se présente sous la forme de dialogues, car la vérité, selon Platon, doit émerger de la discussion et de la contradiction. Le Critias *est un texte inachevé dans lequel le personnage nommé Critias se lance dans un très long éloge d'une société disparue, celle de l'Atlantide. Île très ancienne, elle aurait été « submergée par des tremblements de terre ». Longtemps après Platon, le mythe du pays englouti perdure et l'on continue de rêver au secret de l'Atlantide.*

[...] tout ce qu'une forêt peut fournir à ceux qui travaillent le bois, tout cela l'île le procurait en abondance. Elle nourrissait par ailleurs suffisamment d'animaux, domestiques et sauvages ; l'espèce des éléphants y était en particulier largement représentée, car une pâture s'offrait à satiété[1] non seulement aux autres animaux, tous ceux qui vivent dans les lacs, les marais et les fleuves et tous ceux qui par ailleurs vivent sur les montagnes et dans les plaines, mais également aussi à cet animal qui est par nature le plus gros et le plus vorace. En outre, tout ce que la terre nourrit aujourd'hui d'essences aromatiques, qu'elles proviennent de racines, de pousses, de bois ou de sucs distillés par les fleurs ou les fruits, l'île excellait à le produire et à le faire croître. De plus, les fruits cultivés, les fruits séchés qui sont notre nourriture, et ceux dont nous nous servons en outre pour notre farine (nous en appelons céréales toutes les variétés), puis le fruit ligneux[2] qui produit boissons, aliments et onguents[3], puis celui encore qui sert à l'amusement et au plaisir, le fruit à écorce difficile à conserver, ceux qui apaisent celui qui souffre de l'abondance du repas du soir. Toutes ces choses, l'île sacrée, qui était alors sous le soleil, les produisait belles et merveilleuses, en quantité illimitée.

Ainsi, recevant de leur terre toutes ces richesses, les habitants de l'Atlantide construisirent les temples, les demeures royales, les ports et les arsenaux de la marine, mettant en valeur tout le reste de leur territoire [...].

Platon, *Critias*, traduction de Jean-François Pradeau, Les Belles Lettres, 1997.

1. **une pâture [...] à satiété :** une nourriture abondante.
2. **ligneux :** fibreux, comme le bois.
3. **onguents :** pommades.

Thomas More, *Utopie*

L'humaniste anglais Thomas More (1478-1535), s'inspirant de l'étymologie (voir page 127), imagine dans son* Utopie *(1516) un pays et une société parfaits.*

Les rues ont été bien dessinées, à la fois pour servir le trafic et pour faire obstacle aux vents. Les constructions ont bonne apparence. Elles forment deux rangs continus, constitués par les façades qui se font vis-à-vis, bordant une chaussée de vingt pieds de large. Derrière les maisons, sur toute la longueur de la rue, se trouve un vaste jardin, borné de tous côtés par les façades postérieures.

Chaque maison a deux portes, celle de devant donnant sur la rue, celle de derrière sur le jardin. Elles s'ouvrent d'une poussée de main, et se referment de même, laissant entrer le premier venu. Il n'est rien là qui constitue un domaine privé. Ces maisons en effet changent d'habitants, par tirage au sort, tous les dix ans. Les Utopiens entretiennent admirablement leurs jardins, où ils cultivent des plants de vigne, des fruits, des légumes et des fleurs d'un tel éclat, d'une telle beauté que nulle part ailleurs je n'ai vu pareille abondance, pareille harmonie. Leur zèle est stimulé par le plaisir qu'ils en retirent et aussi par l'émulation, les différents quartiers luttant à l'envi à qui aura le jardin le mieux soigné. Vraiment, on concevrait difficilement, dans toute une cité, une occupation mieux faite pour donner à la fois du profit et de la joie aux citoyens et, visiblement, le fondateur n'a apporté à aucune autre chose une sollicitude plus grande qu'à ces jardins.

Thomas More, *Utopie*, traduction de M. Delcourt, Garnier-Flammarion, 1987.

François Rabelais, *Gargantua*

François Rabelais (vers 1483-1553) exprime sa vision optimiste du monde au travers des aventures de géants humanistes. Dans Gargantua *(1534), il imagine une abbaye originale.*

Toute leur vie était organisée non par des lois, par des statuts ou des règles, mais selon leur gré et leur libre volonté. Ils se levaient du lit quand bon leur semblait, buvaient, mangeaient, travaillaient, dormaient, quand le désir leur en venait. Personne ne les éveillait, personne ne les forçait à boire ou à manger ou à faire quoi que ce soit. Ainsi en avait décidé Gargantua. Leur règle ne comportait que cette clause :

Fais ce que tu voudras,

* *Cf.* Lexique.

Parce que les gens libres, bien nés, bien formés, vivant en bonne société, ont naturellement un instinct, un aiguillon qu'ils appellent honneur et qui les pousse toujours à la vertu et les éloigne du vice. Quand ils sont opprimés et asservis par une vile sujétion et par la contrainte, ils emploient à déposer et enfreindre ce joug de servitude la noble ardeur[1] qui, si on les avait laissés libres, les faisait aspirer à la vertu, car nous entreprenons toujours ce qui est défendu, et convoitons ce qu'on nous refuse. Grâce à cette liberté, ils se mirent tous à vouloir faire, avec une louable émulation, ce qu'ils voyaient plaire à un seul. Si l'un ou l'une d'entre eux disait : « Buvons », tous buvaient. Si l'on disait : « Jouons », tous jouaient. Si l'on disait : « Allons nous amuser aux champs », tous y allaient. Si c'était pour chasser au vol ou à courre, les dames, montées sur de belles haquenées[2], avec leur fringant palefroi[3], portaient chacune sur leur poing joliment ganté un épervier, un lanier ou un émerillon[4] ; les hommes portaient les autres oiseaux.

François Rabelais, *Gargantua*, translation en français moderne de Madeleine Lazard, Hachette Livre, 2000.

1. Ils emploient la noble ardeur à... 2. **haquenées** : chevaux de taille moyenne.
3. **palefroi** : cheval de promenade. 4. Oiseaux de proie.

Cyrano de Bergerac, *Les États et Empires de la Lune*

En 1657, paraît le conte philosophique Les États et Empires de la Lune*, écrit en 1650 par un auteur célèbre pour ses actes militaires et ses idées libertines*, Cyrano de Bergerac (1619-1655). On y découvre le récit d'un étonnant voyage dans la Lune. Par exemple, après avoir découvert un repas constitué exclusivement d'odeurs, le voyageur, accompagné de son guide (« mon démon »), va profiter d'un petit déjeuner plus consistant.*

Je vis entrer le lendemain mon démon avec le soleil et :
« Je vous tiens parole, me dit-il ; vous déjeunerez plus solidement que vous ne soupâtes hier. »
À ces mots, je me levai et il me conduisit par la main derrière le jardin du logis, où l'un des enfants de l'hôte nous attendait avec une arme à la main, presque semblable à nos fusils. Il demanda à mon guide si je voulais une douzaine d'alouettes, parce que les magots[1] (il me prenait pour tel) se nourrissaient de cette viande. À peine eus-je répondu oui, que le chasseur décharge en l'air un coup de feu, et vingt ou trente alouettes churent[2] à nos pieds toutes cuites. « Voilà, m'imaginé-je aussitôt, ce qu'on dit par proverbe en notre monde d'un pays où les alouettes tombent toutes rôties ! Sans doute quelqu'un était revenu d'ici. »

* *Cf.* Lexique.

« Vous n'avez qu'à manger, me dit mon démon. Ils ont l'industrie de mêler parmi la composition qui tue, plume et rôtit le gibier, les ingrédients dont il le faut assaisonner. »

J'en ramassai quelques-unes dont je mangeai sur sa parole, et en vérité je n'ai jamais en ma vie rien goûté de si délicieux.

Cyrano de Bergerac, *Les États et Empires de la Lune* (orthographe modernisée), 1657.

1. magots : singes appartenant au genre macaque.
2. churent : tombèrent (verbe *choir*).

Corpus

Texte A : Extrait du chapitre 17 de *Candide* de Voltaire (p. 118, ligne 20, à p. 119, ligne 64).

Texte B : Extrait du *Critias* de Platon (p. 128).

Texte C : Extrait du livre II d'*Utopie* de Thomas More (p. 129).

Texte D : Extrait du chapitre 57 du *Gargantua* de François Rabelais (pp. 129-130).

Texte E : Extrait des *États et Empires de la Lune* de Cyrano de Bergerac (pp. 130-131).

Examen des textes

❶ Montrez que le mot clé de l'extrait du texte B est l'*abondance*.

❷ Dans quelle mesure l'idéal de Thomas More est-il à la fois architectural et social (texte C) ?

❸ Quel est le champ lexical* dominant dans le texte D ?

❹ Par quel argument* Rabelais justifie-t-il la devise de l'abbaye (texte D) ?

❺ En vous appuyant sur le texte E, montrez comment la fiction s'appuie sur la réalité pour finalement s'en écarter.

Travaux d'écriture

Question préliminaire

Quelles sont les valeurs mises en avant dans les différentes utopies présentées dans le corpus ?

* *Cf*. Lexique.

Commentaire
Vous ferez le commentaire de l'extrait de Voltaire (l. 20 à 64).

Dissertation
En vous appuyant sur la lecture du corpus et sur vos lectures personnelles, vous vous demanderez si la fonction de la littérature est de nous faire rêver.

Écriture d'invention
Présentez une ville utopique, en utilisant une trame narrative et en vous inspirant des intentions et des procédés* présents dans les différents textes du corpus.

* *Cf.* Lexique.

chapitre dix-huitième

C e qu'ils virent dans le pays d'Eldorado

Cacambo témoigna à son hôte toute sa curiosité ; l'hôte lui dit :
« Je suis fort ignorant, et je m'en trouve bien ; mais nous avons ici
un vieillard retiré de la cour qui est le plus savant homme du
royaume, et le plus communicatif. » Aussitôt il mène Cacambo
5 chez le vieillard. Candide ne jouait plus que le second personnage,
et accompagnait son valet. Ils entrèrent dans une maison fort
simple, car la porte n'était que d'argent, et les lambris[1] des appar-
tements n'étaient que d'or, mais travaillés avec tant de goût que
les plus riches lambris ne l'effaçaient pas. L'antichambre n'était à
10 la vérité incrustée que de rubis et d'émeraudes ; mais l'ordre dans
lequel tout était arrangé réparait bien cette extrême simplicité.
 Le vieillard reçut les deux étrangers sur un sofa matelassé de
plumes de colibri, et leur fit présenter des liqueurs dans des vases
de diamant ; après quoi il satisfit à leur curiosité en ces termes :

note ..

| **1. lambris :** boiseries.

133

**Le vieillard reçoit Candide et Cacambo
sur un sofa de plumes de colibri,
gravure de Brunelleschi.**

15 « Je suis âgé de cent soixante et douze ans, et j'ai appris de feu
mon père[1], écuyer du roi, les étonnantes révolutions du Pérou
dont il avait été témoin. Le royaume où nous sommes est l'an-
cienne patrie des Incas, qui en sortirent très imprudemment pour
aller subjuguer[2] une partie du monde et qui furent enfin détruits
20 par les Espagnols. Les princes de leur famille qui restèrent dans
leur pays natal furent plus sages ; ils ordonnèrent, du consente-
ment de la nation, qu'aucun habitant ne sortirait jamais de notre
petit royaume ; et c'est ce qui nous a conservé notre innocence
et notre félicité[3]. Les Espagnols ont eu une connaissance confuse
25 de ce pays, ils l'ont appelé *El Dorado* ; et un Anglais, nommé le
chevalier Raleigh[4], en a même approché il y a environ cent
années ; mais, comme nous sommes entourés de rochers inabor-
dables et de précipices, nous avons toujours été jusqu'à présent à
l'abri de la rapacité des nations de l'Europe, qui ont une fureur
30 inconcevable pour les cailloux et pour la fange[5] de notre terre, et
qui, pour en avoir, nous tueraient tous jusqu'au dernier. »

La conversation fut longue ; elle roula[6] sur la forme du gou-
vernement, sur les mœurs, sur les femmes, sur les spectacles
publics, sur les arts. Enfin Candide, qui avait toujours du goût
35 pour la métaphysique, fit demander par Cacambo si dans le pays
il y avait une religion.

Le vieillard rougit un peu. « Comment donc ! dit-il ; en
pouvez-vous douter ? Est-ce que vous nous prenez pour des
ingrats ? » Cacambo demanda humblement quelle était la religion
40 d'Eldorado. Le vieillard rougit encore : « Est-ce qu'il peut y avoir
deux religions ? dit-il. Nous avons, je crois, la religion de tout le
monde, nous adorons Dieu du soir jusqu'au matin. – N'adorez-

notes ...

1. feu mon père : mon père qui est décédé.	**4. Raleigh :** Sir Walter Raleigh explora l'Amazonie en 1596.	**6. roula :** ici, porta.
2. subjuguer : dominer.	**5. fange :** boue.	
3. félicité : bonheur.		

vous qu'un seul Dieu ? dit Cacambo, qui servait toujours d'interprète aux doutes de Candide. – Apparemment, dit le vieillard,
45 qu'il n'y en a ni deux, ni trois, ni quatre. Je vous avoue que les gens de votre monde font des questions bien singulières. » Candide ne se lassait pas de faire interroger ce bon vieillard ; il voulut savoir comment on priait Dieu dans l'Eldorado. « Nous ne le prions point, dit le bon et respectable sage ; nous n'avons rien
50 à lui demander, il nous a donné tout ce qu'il nous faut ; nous le remercions sans cesse. » Candide eut la curiosité de voir des prêtres ; il fit demander où ils étaient. Le bon vieillard sourit. « Mes amis, dit-il, nous sommes tous prêtres ; le roi et tous les chefs de famille chantent des cantiques d'actions de grâces solen-
55 nellement tous les matins et cinq ou six mille musiciens les accompagnent. – Quoi ! Vous n'avez point de moines qui enseignent, qui disputent, qui gouvernent, qui cabalent[1], et qui font brûler les gens qui ne sont pas de leur avis ? – Il faudrait que nous fussions fous, dit le vieillard ; nous sommes tous ici du même avis,
60 et nous n'entendons[2] pas ce que vous voulez dire avec vos moines. » Candide à tous ces discours demeurait en extase, et disait en lui-même : « Ceci est bien différent de la Vestphalie[3] et du château de monsieur le baron : si notre ami Pangloss avait vu Eldorado, il n'aurait plus dit que le château de Thunder-ten-
65 tronckh était ce qu'il y avait de mieux sur la terre ; il est certain qu'il faut voyager. »

Après cette longue conversation, le bon vieillard fit atteler un carrosse à six moutons, et donna douze de ses domestiques aux deux voyageurs pour les conduire à la cour. « Excusez-moi, leur
70 dit-il, si mon âge me prive de l'honneur de vous accompagner. Le roi vous recevra d'une manière dont vous ne serez pas

notes

1. cabalent : conspirent.
2. n'entendons : ne comprenons.

3. Vestphalie : Westphalie (province de l'Allemagne).

mécontents, et vous pardonnerez sans doute aux usages du pays, s'il y en a quelques-uns qui vous déplaisent. »

Candide et Cacambo montent en carrosse ; les six moutons
75 volaient, et en moins de quatre heures on arriva au palais du roi, situé à un bout de la capitale. Le portail était de deux cent vingt pieds de haut, et de cent de large ; il est impossible d'exprimer quelle en était la matière. On voit assez quelle supériorité prodigieuse elle devait avoir sur ces cailloux, et sur ce sable que nous
80 nommons or et pierreries.

Vingt belles filles de la garde reçurent Candide et Cacambo à la descente du carrosse, les conduisirent aux bains, les vêtirent de robes d'un tissu de duvet de colibri ; après quoi les grands officiers et les grandes officières de la couronne les menèrent à l'ap-
85 partement de Sa Majesté au milieu de deux files, chacune de mille musiciens, selon l'usage ordinaire. Quand ils approchèrent de la salle du trône, Cacambo demanda à un grand officier comment il fallait s'y prendre pour saluer Sa Majesté : si on se jetait à genoux ou ventre à terre ; si on mettait les mains sur la tête ou
90 sur le derrière ; si on léchait la poussière de la salle ; en un mot, quelle était la cérémonie. « L'usage, dit le grand officier, est d'embrasser[1] le roi et de le baiser des deux côtés. » Candide et Cacambo sautèrent au cou de Sa Majesté, qui les reçut avec toute la grâce imaginable, et qui les pria poliment à souper.
95 En attendant, on leur fit voir la ville, les édifices publics élevés jusqu'aux nues[2], les marchés ornés de mille colonnes, les fontaines d'eau pure, les fontaines d'eau rose[3], celles de liqueurs de canne de sucre qui coulaient continuellement dans de grandes places pavées d'une espèce de pierreries qui répandaient une odeur
100 semblable à celle du gérofle[4] et de la cannelle. Candide demande

notes ⋯⋯⋯⋯⋯⋯⋯⋯⋯⋯⋯⋯⋯⋯⋯⋯⋯⋯⋯⋯⋯⋯⋯⋯⋯⋯⋯⋯⋯⋯⋯⋯⋯

1. embrasser : prendre dans ses bras.
2. aux nues : au ciel.
3. eau rose : eau de rose (parfum tiré des roses).
4. gérofle : clou de girofle.

à voir la cour de justice, le parlement ; on lui dit qu'il n'y en avait point, et qu'on ne plaidait jamais. Il s'informa s'il y avait des prisons, et on lui dit que non. Ce qui le surprit davantage, et qui lui fit le plus de plaisir, ce fut le palais des sciences, dans lequel il vit
105 une galerie de deux mille pas, toute pleine d'instruments de mathématique et de physique.

Après avoir parcouru toute l'après-dînée à peu près la millième partie de la ville, on les ramena chez le roi. Candide se mit à table entre Sa Majesté, son valet Cacambo et plusieurs dames. Jamais
110 on ne fit meilleure chère[1], et jamais on n'eut plus d'esprit à souper qu'en eut Sa Majesté. Cacambo expliquait les bons mots du roi à Candide, et quoique traduits, ils paraissaient toujours des bons mots. De tout ce qui étonnait Candide, ce n'était pas ce qui l'étonna le moins.

115 Ils passèrent un mois dans cet hospice[2]. Candide ne cessait de dire à Cacambo : « Il est vrai, mon ami, encore une fois, que le château où je suis né ne vaut pas le pays où nous sommes ; mais enfin mademoiselle Cunégonde n'y est pas, et vous avez sans doute quelque maîtresse[3] en Europe. Si nous restons ici, nous n'y
120 serons que comme les autres ; au lieu que si nous retournons dans notre monde, seulement avec douze moutons chargés de cailloux d'Eldorado, nous serons plus riches que tous les rois ensemble, nous n'aurons plus d'inquisiteurs[4] à craindre, et nous pourrons aisément reprendre mademoiselle Cunégonde. »

125 Ce discours plut à Cacambo ; on aime tant à courir, à se faire valoir chez les siens, à faire parade de ce qu'on a vu dans ses voyages, que les deux heureux résolurent de ne plus l'être, et de demander leur congé à Sa Majesté.

notes

1. fit meilleure chère : mangea une meilleure nourriture.
2. hospice : lieu où l'on offre l'hospitalité.

3. maîtresse : femme aimée, dans le langage galant.
4. inquisiteurs : membres de l'Inquisition.

130 «Vous faites une sottise, leur dit le roi ; je sais bien que mon pays est peu de chose ; mais, quand on est passablement quelque part, il faut y rester. Je n'ai pas assurément le droit de retenir des étrangers ; c'est une tyrannie qui n'est ni dans nos mœurs ni dans nos lois : tous les hommes sont libres ; partez quand vous voudrez, mais la sortie est bien difficile. Il est impossible de remonter la

135 rivière rapide sur laquelle vous êtes arrivés par miracle, et qui court sous des voûtes de rochers. Les montagnes qui entourent tout mon royaume ont dix mille pieds[1] de hauteur, et sont droites comme des murailles : elles occupent chacune en largeur un espace de plus de dix lieues[2] ; on ne peut en descendre que par des

140 précipices. Cependant, puisque vous voulez absolument partir, je vais donner ordre aux intendants des machines d'en faire une qui puisse vous transporter commodément. Quand on vous aura conduits au revers[3] des montagnes, personne ne pourra vous accompagner : car mes sujets ont fait vœu de ne jamais sortir de

145 leur enceinte, et ils sont trop sages pour rompre leur vœu. Demandez-moi d'ailleurs[4] tout ce qu'il vous plaira. – Nous ne demandons à Votre Majesté, dit Cacambo, que quelques moutons chargés de vivres, de cailloux, et de la boue du pays. » Le roi rit : « Je ne conçois pas, dit-il, quel goût vos gens d'Europe ont pour

150 notre boue jaune ; mais emportez-en tant que vous voudrez, et grand bien vous fasse. »

Il donna l'ordre sur-le-champ à ses ingénieurs de faire une machine pour guinder[5] ces deux hommes extraordinaires hors du royaume. Trois mille bons physiciens y travaillèrent ; elle fut prête

155 au bout de quinze jours, et ne coûta pas plus de vingt millions de livres sterling, monnaie du pays. On mit sur la machine Candide

notes

1. **dix mille pieds** : 3 000 m environ.
2. **dix lieues** : environ 40 km.
3. **au revers** : de l'autre côté.
4. **d'ailleurs** : de plus.
5. **guinder** : hisser.

et Cacambo ; il y avait deux grands moutons rouges sellés et bridés pour leur servir de monture quand ils auraient franchi les montagnes, vingt moutons de bât[1] chargés de vivres, trente qui portaient des présents de ce que le pays a de plus curieux, et cinquante chargés d'or, de pierreries et de diamants. Le roi embrassa tendrement les deux vagabonds.

Ce fut un beau spectacle que leur départ, et la manière ingénieuse dont ils furent hissés, eux et leurs moutons, au haut des montagnes. Les physiciens prirent congé d'eux après les avoir mis en sûreté, et Candide n'eut plus d'autre désir et d'autre objet que d'aller présenter ses moutons à mademoiselle Cunégonde. « Nous avons, dit-il, de quoi payer le gouverneur de Buenos-Ayres, si mademoiselle Cunégonde peut être mise à prix. Marchons vers la Cayenne[2], embarquons-nous, et nous verrons ensuite quel royaume nous pourrons acheter. »

notes

1. **de bât** : destinés à porter des charges.

2. **la Cayenne** : partie de la Guyane.

Chapitre dix-neuvième

Ce qui leur arriva à Surinam[1], et comment Candide fit connaissance avec Martin

La première journée[2] de nos deux voyageurs fut assez agréable. Ils étaient encouragés par l'idée de se voir possesseurs de plus de trésors que l'Asie, l'Europe et l'Afrique n'en pouvaient rassembler. Candide, transporté[3], écrivit le nom de Cunégonde sur les arbres.

5 À la seconde journée, deux de leurs moutons s'enfoncèrent dans des marais, et y furent abîmés[4] avec leurs charges ; deux autres moutons moururent de fatigue quelques jours après ; sept ou huit périrent ensuite de faim dans un désert ; d'autres tombèrent au bout de quelques jours dans des précipices. Enfin, après cent jours

10 de marche, il ne leur resta que deux moutons. Candide dit à Cacambo : « Mon ami, vous voyez comme les richesses de ce monde sont périssables ; il n'y a rien de solide que la vertu, et le

notes
..

1. Surinam : Guyane hollandaise.
2. journée : voyage effectué en un jour.

3. transporté : enthousiasmé.
4. abîmés : engloutis.

bonheur de revoir mademoiselle Cunégonde. – Je l'avoue, dit Cacambo ; mais il nous reste encore deux moutons avec plus de

15 trésors que n'en aura jamais le roi d'Espagne ; et je vois de loin une ville que je soupçonne être Surinam, appartenante[1] aux Hollandais. Nous sommes au bout de nos peines et au commencement de notre félicité[2]. »

En approchant de la ville, ils rencontrèrent un nègre étendu par

20 terre, n'ayant plus que la moitié de son habit, c'est-à-dire d'un[3] caleçon de toile bleue ; il manquait à ce pauvre homme la jambe gauche et la main droite. « Eh ! mon Dieu ! lui dit Candide en hollandais, que fais-tu là, mon ami, dans l'état horrible où je te vois ? – J'attends mon maître, M. Vanderdendur, le fameux négo-

25 ciant, répondit le nègre. – Est-ce M. Vanderdendur, dit Candide, qui t'a traité ainsi ? – Oui, monsieur, dit le nègre, c'est l'usage. On nous donne un caleçon de toile pour tout vêtement deux fois l'année. Quand nous travaillons aux sucreries, et que la meule nous attrape le doigt, on nous coupe la main[4] ; quand nous vou-

30 lons nous enfuir, on nous coupe la jambe[5] : je me suis trouvé dans les deux cas. C'est à ce prix que vous mangez du sucre en Europe. Cependant, lorsque ma mère me vendit dix écus patagons[6] sur la côte de Guinée, elle me disait : "Mon cher enfant, bénis nos fétiches, adore-les toujours, ils te feront vivre heureux ; tu as

35 l'honneur d'être esclave de nos seigneurs les blancs, et tu fais par là la fortune de ton père et de ta mère." Hélas ! je ne sais pas si j'ai fait leur fortune, mais ils n'ont pas fait la mienne. Les chiens, les singes et les perroquets sont mille fois moins malheureux que nous ; les fétiches hollandais qui m'ont converti me disent tous les

40 dimanches que nous sommes tous enfants d'Adam, blancs et

passage analysé

notes

1. appartenante : l'accord du participe était usuel à cette époque.
2. félicité : bonheur.
3. d'un : la moitié d'un.

4. coupe la main : on évite ainsi la gangrène.
5. coupe la jambe : allusion au *Code noir* promulgué par Louis XIV.

6. écus patagons : monnaie espagnole.

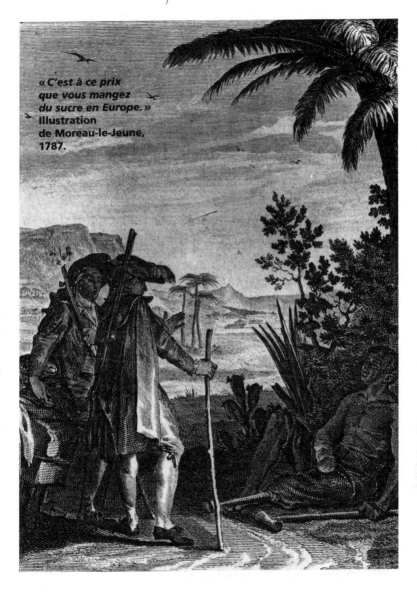

« C'est à ce prix
que vous mangez
du sucre en Europe. »
Illustration
de Moreau-le-Jeune,
1787.

noirs. Je ne suis pas généalogiste ; mais si ces prêcheurs disent vrai, nous sommes tous cousins issus de germains[1]. Or vous m'avouerez qu'on ne peut pas en user avec ses parents d'une manière plus horrible.

45 – Ô Pangloss ! s'écria Candide, tu n'avais pas deviné cette abomination ; c'en est fait, il faudra qu'à la fin je renonce à ton optimisme. – Qu'est-ce qu'optimisme ? disait Cacambo. – Hélas ! dit Candide, c'est la rage de soutenir que tout est bien quand on est mal » ; et il versait des larmes en regardant son nègre ; et en pleu-
50 rant, il entra dans Surinam[2].

 La première chose dont ils s'informent, c'est s'il n'y a point au port quelque vaisseau qu'on pût envoyer à Buenos-Ayres. Celui à qui ils s'adressèrent était justement un patron espagnol qui s'offrit à faire avec eux un marché honnête. Il leur donna rendez-
55 vous dans un cabaret. Candide et le fidèle Cacambo allèrent l'y attendre avec leurs deux moutons.

 Candide, qui avait le cœur sur les lèvres, conta à l'Espagnol toutes ses aventures, et lui avoua qu'il voulait enlever mademoiselle Cunégonde. « Je me garderai bien de vous passer à Buenos-
60 Ayres, dit le patron ; je serais pendu, et vous aussi ; la belle Cunégonde est la maîtresse favorite de monseigneur. » Ce fut un coup de foudre pour Candide, il pleura longtemps ; enfin il tira à part Cacambo. « Voici, mon cher ami, lui dit-il, ce qu'il faut que tu fasses. Nous avons chacun dans nos poches pour cinq ou six
65 millions de diamants ; tu es plus habile que moi ; va prendre mademoiselle Cunégonde à Buenos-Ayres. Si le gouverneur fait quelque difficulté, donne-lui un million ; s'il ne se rend pas, donne-lui-en deux ; tu n'as point tué d'inquisiteur[3], on ne se défiera[4]

notes ..

1. cousins issus de germains : cousins germains.
2. et en pleurant, il entra dans Surinam : réplique empruntée à la Bible (« *le*

Christ, en pleurant, entra dans Jérusalem », saint Luc).
3. inquisiteur : membre de l'Inquisition.
4. défiera : méfiera.

point de toi. J'équiperai[1] un autre vaisseau, j'irai t'attendre à
70 Venise[2] : c'est un pays libre où l'on n'a rien à craindre ni des
Bulgares[3], ni des Abares[4], ni des Juifs, ni des inquisiteurs. »
Cacambo applaudit à cette sage résolution. Il était au désespoir de
se séparer d'un bon maître devenu son ami intime ; mais le plai-
sir de lui être utile l'emporta sur la douleur de le quitter. Ils s'em-
75 brassèrent en versant des larmes : Candide lui recommanda de ne
point oublier la bonne vieille. Cacambo partit dès le jour même :
c'était un très bon homme que ce Cacambo.

Candide resta encore quelque temps à Surinam, et attendit
qu'un autre patron voulût le mener en Italie, lui et les deux
80 moutons qui lui restaient. Il prit des domestiques, et acheta tout
ce qui lui était nécessaire pour un long voyage ; enfin monsieur
Vanderdendur, maître d'un gros vaisseau, vint se présenter à lui.
« Combien voulez-vous, demanda-t-il à cet homme, pour me
mener en droiture[5] à Venise, moi, mes gens, mon bagage, et les
85 deux moutons que voilà ? » Le patron s'accorda à dix mille
piastres[6] ; Candide n'hésita pas.

« Oh ! oh ! dit à part soi[7] le prudent Vanderdendur, cet étran-
ger donne dix mille piastres tout d'un coup ! il faut qu'il soit bien
riche. » Puis, revenant un moment après, il signifia[8] qu'il ne pou-
90 vait partir à moins de vingt mille. « Eh bien vous les aurez, dit
Candide.

– Ouais, se dit tout bas le marchand, cet homme donne vingt
mille piastres aussi aisément que dix mille. » Il revint encore, et dit
qu'il ne pouvait le conduire à Venise à moins de trente mille
95 piastres. « Vous en aurez donc trente mille, répondit Candide.

notes ...

1. J'équiperai : je prendrai la mer.

2. Venise : réputée pour être le lieu de l'amour et des divertissements.

3. Bulgares : ce nom renvoie à des tribus installées en

Turquie et en Russie, il ne désigne pas un pays défini.

4. Abares : peuple d'origine mongole qui envahit l'Europe orientale du VIe au IXe siècle.

5. en droiture : directement.

6. piastres : monnaie espagnole utilisée en Amérique du Sud.

7. à part soi : en lui-même.

8. signifia : fit comprendre.

– Oh ! oh ! se dit encore le marchand hollandais, trente mille piastres ne coûtent rien à cet homme-ci ; sans doute les deux moutons portent des trésors immenses : n'insistons pas davantage ; faisons-nous d'abord payer les trente mille piastres, et puis

100 nous verrons. » Candide vendit deux petits diamants, dont le moindre valait plus que tout l'argent que demandait le patron. Il le paya d'avance. Les deux moutons furent embarqués. Candide suivait dans un petit bateau pour joindre le vaisseau à la rade[1] ; le patron prend son temps[2], met à la voile, démarre[3] ; le vent le favo-

105 rise. Candide, éperdu et stupéfait, le perd bientôt de vue. « Hélas ! cria-t-il, voilà un tour digne de l'ancien monde. » Il retourne au rivage, abîmé[4] dans la douleur : car enfin il avait perdu de quoi faire la fortune de vingt monarques.

Il se transporte chez le juge hollandais ; et, comme il était un

110 peu troublé, il frappe rudement à la porte ; il entre, expose son aventure, et crie un peu plus haut qu'il ne convenait. Le juge commença par lui faire payer dix mille piastres pour le bruit qu'il avait fait ; ensuite il l'écouta patiemment, lui promit d'examiner son affaire sitôt que le marchand serait revenu, et se fit payer dix

115 mille autres piastres pour les frais de l'audience.

Ce procédé acheva de désespérer Candide ; il avait à la vérité essuyé des malheurs mille fois plus douloureux ; mais le sang-froid du juge, et celui du patron dont il était volé, alluma sa bile[5], et le plongea dans une noire mélancolie. La méchanceté des

120 hommes se présentait à son esprit dans toute sa laideur ; il ne se nourrissait que d'idées tristes. Enfin un vaisseau français étant sur le point de partir pour Bordeaux[6], comme il n'avait plus de moutons chargés de diamants à embarquer, il loua une chambre du

notes

1. **rade** : grand bassin portuaire où les bateaux mouillent leur ancre.
2. **prend son temps** : choisit le bon moment.
3. **démarre** : largue les amarres.
4. **abîmé** : ici, plongé.
5. **bile** : sécrétion du foie ; dans l'ancienne théorie des humeurs, la bile est jugée responsable de la colère et de la mélancolie.
6. **Bordeaux** : un des pôles du commerce triangulaire.

vaisseau à juste prix, et fit signifier dans la ville qu'il payerait le
125 passage, la nourriture, et donnerait deux mille piastres à un hon-
nête homme qui voudrait faire le voyage avec lui, à condition que
cet homme serait le plus dégoûté de son état et le plus malheu-
reux de la province.

Il se présenta une foule de prétendants qu'une flotte n'aurait pu
130 contenir. Candide voulant choisir entre les plus apparents[1], il
distingua une vingtaine de personnes qui lui paraissaient assez
sociables, et qui toutes prétendaient mériter la préférence. Il les
assembla dans son cabaret, et leur donna à souper, à condition que
chacun ferait serment de raconter fidèlement son histoire, pro-
135 mettant de choisir celui qui lui paraîtrait le plus à plaindre et le
plus mécontent de son état, à plus juste titre, et de donner aux
autres quelques gratifications.

La séance dura jusqu'à quatre heures du matin. Candide, en
écoutant toutes les aventures, se ressouvenait de ce que lui avait dit
140 la vieille en allant à Buenos-Ayres, et de la gageure[2] qu'elle avait
faite, qu'il n'y avait personne sur le vaisseau à qui il ne fût arrivé
de très grands malheurs. Il songeait à Pangloss à chaque aventure
qu'on lui contait. « Ce Pangloss, disait-il, serait bien embarrassé à
démontrer son système. Je voudrais qu'il fût ici. Certainement si
145 tout va bien, c'est dans Eldorado, et non pas dans le reste de la
terre. » Enfin il se détermina en faveur d'un pauvre savant qui avait
travaillé dix ans pour les libraires à Amsterdam. Il jugea qu'il n'y
avait point de métier au monde dont on dût être plus dégoûté.

Ce savant, qui était d'ailleurs un bon homme, avait été volé par
150 sa femme, battu par son fils, et abandonné de sa fille, qui s'était fait
enlever par un Portugais. Il venait d'être privé d'un petit emploi
duquel il subsistait ; et les prédicants[3] de Surinam le persécutaient

notes

1. apparents : d'apparence la
plus distinguée.

2. de la gageure : du pari.

3. prédicants : personnes
itinérantes, qui annoncent la
parole de Dieu.

parce qu'ils le prenaient pour un socinien[1]. Il faut avouer que les autres étaient pour le moins aussi malheureux que lui ; mais
155 Candide espérait que le savant le désennuierait dans le voyage. Tous ses autres rivaux trouvèrent que Candide leur faisait une grande injustice : mais il les apaisa en leur donnant à chacun cent piastres.

suite, p. 160

La traite des nègres.

note

1. socinien : disciple de Socin (XVIe siècle) qui croyait en un Dieu mais niait la divinité du Christ.

Le retour au réel : l'esclave de Surinam

Lecture analytique de l'extrait p. 142, ligne 19, à p. 144, ligne 50.

L'esclavage est une institution sociale déjà présente dans l'Antiquité ; elle suppose que certains hommes puissent être considérés comme des marchandises et s'appuie sur l'idée d'une inégalité de principe entre les hommes. Aristote écrit ainsi dans sa *Politique* : « *Il y a dans l'espèce humaine des individus aussi inférieurs aux autres que le corps l'est à l'âme ou que la bête l'est à l'homme* [...]. *Ces individus sont destinés par la nature elle-même à l'esclavage, parce qu'il n'y a rien de meilleur pour eux que d'obéir.* » L'esclave n'est alors qu'« *une sorte de propriété animée* » (Aristote). Ce n'est qu'en mettant les esclaves sur le même plan que les animaux que l'on peut justifier l'esclavage.

À la Renaissance, les grandes découvertes apportent de grandes tentations (les richesses, la main-d'œuvre…) et de grandes questions concernant la notion de « nature humaine » : les Européens sont-ils les seuls êtres humains ? Les Noirs ont-ils une âme ? En considérant que les Noirs sont les descendants du fils impie de Noé et ne sauraient être choisis par Dieu, on justifie à la fois la colonisation, en invoquant une mission religieuse, et l'exploitation des Noirs, en alléguant leur nature inférieure. L'économie coloniale (le commerce triangulaire) se donne ainsi bonne conscience ; le *Code noir*, à la fin du XVIIe siècle, pose ces principes et énumère les différentes sanctions possibles à l'encontre des esclaves.

Les philosophes des Lumières, tels que Montesquieu (dans *De l'esprit des lois*, XV, 5, 1748) et Voltaire (dans le chapitre étudié ici), se prononcent contre l'esclavage sans remettre vraiment en cause l'idée de supériorité des modèles européens. En France, l'esclavage sera aboli en 1794, puis rétabli en 1802 sous le consulat de Napoléon. Il sera définitivement aboli en 1848.

Mais l'esclavage n'a pas disparu de notre planète ; il existe encore au sens large (le travail forcé des enfants, les servitudes pour dettes...), mais aussi au sens restreint dans de nombreux pays.

Un récit neutre

La diversité des formes de discours donne vie au passage. Le récit s'analyse au travers des différentes marques temporelles, et le discours direct* au travers des indices de l'énonciation* mais aussi des procédés* employés pour insérer le dialogue dans le récit.

Lorsque la situation présentée est tragique* ou douloureuse, on s'attend à trouver un registre* pathétique* s'appuyant sur des procédés susceptibles de toucher le lecteur (vocabulaire affectif*, termes modalisateurs*, phrases exclamatives...). À l'inverse, la neutralité se traduit par un vocabulaire objectif, une absence de réaction, la priorité de la logique sur les sentiments.

... **La construction du passage** ...

❶ En rapprochant la première et la dernière phrase de l'extrait étudié, vous montrerez en quoi ce passage constitue une sorte de parenthèse dans le conte.
❷ Quels éléments assurent cependant un lien avec ce qui précède ?
❸ Quel cadre spatio-temporel se dessine au travers du récit et des discours ?
❹ Quelles sont les différentes marques du dialogue ?
❺ Comment et à quelle fin Voltaire alterne-t-il récit et dialogue ?

... **La neutralité** ...

❻ Quel est l'unique terme affectif se rapportant à l'esclave dans le récit ?

* Cf. Lexique.

❼ Montrez et commentez la précision de la description de l'esclave (l. 19 à 22).

❽ Comment le discours de l'esclave donne-t-il l'impression que le personnage est passif et peu concerné par son terrible destin ?

Le jeu ironique des décalages

L'antiphrase* n'est pas l'unique procédé* de l'ironie. Le registre* ironique joue sur l'implicite*, et le non-dit est à déchiffrer en prenant ses distances par rapport au sens premier du texte. Ainsi la neutralité et l'objectivité peuvent à la fois dissimuler et souligner une prise de position courageuse. Les multiples formes du décalage (entre les faits et les réactions, entre les faits eux-mêmes, entre le contenu et le ton... dans le récit comme dans le discours...) choquent le lecteur et l'amènent à réagir en adhérant à la critique sous-entendue.

............................ **Le registre ironique**

❾ À partir de l'expression « *état horrible* » (l. 23), repérez et analysez le fonctionnement de l'ironie pour ce qui est de la présentation physique du nègre.

❿ Étudiez de même les jeux de décalage dans le passage consacré à la sucrerie.

⓫ Quels autres décalages au sein du discours de l'esclave appartiennent au registre ironique ?

Les fonctions du passage

Souvent, les épisodes de *Candide* fonctionnent comme de petits apologues* indépendants, avec leur propre système de personnages et leur propre visée critique. En utilisant des procédés analogues à ceux de la fable, Voltaire présente, sous la forme

* *Cf.* Lexique.

séduisante de la fiction narrative et du dialogue, une critique systématique et méthodique de l'institution visée.

Mais l'épisode trouve sa place dans la chaîne du récit et dans le projet d'ensemble du conte. Certaines critiques entrent en résonance avec d'autres passages, et le personnage de Candide demeure le fil conducteur de l'œuvre.

La critique de l'esclavage

⓬ Dans quelle mesure Voltaire critique-t-il les différents aspects de l'esclavage ?

Le rôle du passage dans le conte

⓭ Dans quelle mesure ce passage (l. 19 à 50) est-il une critique de la religion ?

⓮ Dans quelle mesure cet extrait est-il aussi une critique de l'optimisme ?

⓯ En quoi peut-on dire que cet épisode marque une étape significative dans l'évolution de Candide au cours du conte ?

Crime et châtiment

Lectures croisées et travaux d'écriture

En France, la dernière exécution capitale a eu lieu en 1977, et la peine de mort a été abolie, par un vote de l'Assemblée nationale, le 18 septembre 1981. Cette abolition constitue une étape décisive dans notre réflexion sur la justice et sur les liens entre crime et châtiment.

« *Tu donneras vie pour vie, œil pour œil, dent pour dent, main pour main* » (Exode, XXI, 24-25) : cette loi du talion à laquelle Voltaire fait allusion dans le passage consacré à l'esclave de Surinam a résumé pendant des siècles (et encore aujourd'hui dans certains pays) le fonctionnement du système judiciaire. Paradoxalement, alors que les Évangiles, prenant leur distance par rapport aux lois de l'Ancien Testament, prônaient le pardon à la place de la vengeance officialisée, les sociétés chrétiennes ont longtemps et souvent eu recours à la peine de mort.

Au XVIIIe siècle, les philosophes, tels que Montesquieu (dans *De l'esprit des lois*, 1748) ou Voltaire, demandent un adoucissement des peines sans réellement remettre en cause le principe de la peine capitale. Le débat s'ouvre réellement au XIXe siècle où certains écrivains, comme Victor Hugo, et certains hommes politiques demandent clairement l'abolition de la peine de mort. À la fin du XIXe siècle (le Portugal en 1867 et la Hollande en 1870) et surtout au XXe siècle, les pays européens vont, les uns après les autres, se prononcer en faveur de la suppression de la peine capitale.

Victor Hugo, *Le Dernier Jour d'un condamné*

Victor Hugo (1802-1885) est un fervent détracteur de la peine de mort ; en 1829, il écrit Le Dernier Jour d'un condamné, *une petite œuvre de forme autobiographique qui, sans évoquer ni le crime ni l'exécution, conduit le lecteur à partager les dernières souffrances du prisonnier.*

Bicêtre[1].

Condamné à mort !

Voilà cinq semaines que j'habite avec cette pensée, toujours seul avec elle, toujours glacé de sa présence, toujours courbé sous son poids !

Autrefois, car il me semble qu'il y a plutôt des années que des semaines, j'étais un homme comme un autre homme. Chaque jour, chaque heure, chaque minute avait son idée. Mon esprit, jeune et riche, était plein de fantaisies. Il s'amusait à me les dérouler les unes après les autres, sans ordre et sans fin, brodant d'inépuisables arabesques cette rude et mince étoffe de la vie. C'étaient des jeunes filles, de splendides chapes[2] d'évêque, des batailles gagnées, des théâtres pleins de bruit et de lumière, et puis encore des jeunes filles et de sombres promenades la nuit sous les larges bras des marronniers. C'était toujours fête dans mon imagination. Je pouvais penser à ce que je voulais, j'étais libre.

Maintenant je suis captif. Mon corps est aux fers dans un cachot, mon esprit est en prison dans une idée. Une horrible, une sanglante, une implacable idée ! Je n'ai plus qu'une pensée, qu'une conviction, qu'une certitude : condamné à mort !

Victor Hugo, *Le Dernier Jour d'un condamné*, 1829.

1. *Bicêtre* : nom de la prison, près de Paris, où est enfermé le condamné.
2. **chapes** : manteaux de cérémonie.

Albert Camus, *Réflexion sur la guillotine*

Albert Camus (1913-1960) commence son essai contre la peine de mort en évoquant un souvenir. Son père a assisté à une exécution capitale et en a été bouleversé.

Peu avant la guerre de 1914, un assassin dont le crime était particulièrement révoltant (il avait massacré une famille de fermiers avec leurs enfants) fut condamné à mort en Alger. Il s'agissait d'un ouvrier agricole qui avait tué dans une sorte de délire du sang, mais avait aggravé son cas en volant ses victimes. L'affaire eut un grand retentissement. On estima généralement que la décapitation était une peine trop douce pour un pareil monstre. Telle fut, m'a-t-on dit, l'opinion de mon père que le

meurtre des enfants, en particulier, avait indigné. L'une des rares choses que je sache de lui, en tout cas, est qu'il voulut assister à l'exécution, pour la première fois de sa vie. Il se leva dans la nuit pour se rendre sur les lieux du supplice, à l'autre bout de la ville, au milieu d'un grand concours[1] de peuple. Ce qu'il vit, ce matin-là, il n'en dit rien à personne. Ma mère raconte seulement qu'il rentra en coup de vent, le visage bouleversé, refusa de parler, s'étendit un moment sur le lit et se mit d'un coup à vomir. Il venait de découvrir la réalité qui se cachait sous les grandes formules dont on la masquait. Au lieu de penser aux enfants massacrés, il ne pouvait plus penser qu'à ce corps pantelant[2] qu'on venait de jeter sur une planche pour lui couper le cou.

Il faut croire que cet acte rituel est bien horrible pour arriver à vaincre l'indignation d'un homme simple et droit et pour qu'un châtiment qu'il estimait cent fois mérité n'ait eu finalement d'autre effet que de lui retourner le cœur. Quand la suprême justice donne seulement à vomir à l'honnête homme qu'elle est censée protéger, il paraît difficile de soutenir qu'elle est destinée, comme ce devrait être sa fonction, à apporter plus de paix et d'ordre dans la cité.

<div align="right">Albert Camus, Réflexions sur la guillotine, in Essais, Gallimard, 1957.</div>

1. concours : rassemblement. **2. pantelant** : palpitant, agité de soubresauts.

Robert Badinter

Le célèbre avocat Robert Badinter, devenu garde des Sceaux sous la première présidence de François Mitterrand, présente, devant l'Assemblée nationale, son projet de loi concernant l'abolition de la peine de mort. Le 18 septembre 1981, la peine capitale est abolie en France par 363 voix contre 117.

Il s'agit bien, en définitive, dans l'abolition, d'un choix fondamental, d'une certaine conception de l'homme et de la justice. Ceux qui veulent une justice qui tue, ceux-là sont animés par une double conviction : qu'il existe des hommes totalement coupables, c'est-à-dire des hommes totalement responsables de leurs actes, et qu'il peut y avoir une justice sûre de son infaillibilité[1] au point de dire que celui-là peut vivre et que celui-là doit mourir.

À cet âge de ma vie, l'une et l'autre affirmations me paraissent également erronées. Aussi terribles, aussi odieux que soient leurs actes, il n'est point d'hommes en cette terre dont la culpabilité soit totale et dont il faille pour toujours désespérer totalement. Aussi prudente que soit la

justice, aussi mesurés et angoissés que soient les femmes et les hommes qui jugent, la justice demeure humaine, donc faillible. Et je ne parle pas seulement de l'erreur judiciaire absolue, quand, après une exécution, il se révèle, comme cela peut encore arriver, que le condamné à mort était innocent et qu'une société entière – c'est-à-dire nous tous –, au nom de laquelle le verdict a été rendu, devient ainsi collectivement coupable puisque sa justice rend possible l'injustice suprême. Je parle aussi de l'incertitude et de la contradiction des décisions rendues qui font que les mêmes accusés, condamnés à mort une première fois, dont la condamnation est cassée pour vice de forme[2], sont de nouveau jugés et, bien qu'il s'agisse des mêmes faits, échappent, cette fois-ci, à la mort, comme si, en justice, la vie d'un homme se jouait au hasard d'une erreur de plume d'un greffier[3]. Ou bien tels condamnés, pour des crimes moindres, seront exécutés, alors que d'autres, plus coupables, sauveront leur tête à la faveur de la passion de l'audience, du climat ou de l'emportement de tel ou tel. Cette sorte de loterie judiciaire, quelle que soit la peine qu'on éprouve à prononcer ce mot quand il y va de la vie d'une femme ou d'un homme, est intolérable. [...]

Le choix qui s'offre à vos consciences est donc clair : ou notre société refuse une justice qui tue et accepte d'assumer, au nom de ses valeurs fondamentales – celles qui l'ont faite grande et respectée entre toutes –, la vie de ceux qui font horreur, déments ou criminels ou les deux à la fois, et c'est le choix de l'abolition ; ou cette société croit, en dépit de l'expérience des siècles, faire disparaître le crime avec le criminel, et c'est l'élimination.

Cette justice d'élimination, cette justice d'angoisse et de mort, décidée avec sa marge de hasard, nous la refusons. Nous la refusons parce qu'elle est pour nous l'anti-justice, parce qu'elle est la passion et la peur triomphant de la raison et de l'humanité.

Robert Badinter, Extrait de son discours du 17 septembre 1981, D.R.

1. **infaillibilité** : caractère de ce qui est certain.
2. **cassée [...] forme** : annulée en raison d'un défaut de procédure.
3. **greffier** : fonctionnaire chargé de rédiger les actes du procès.

Extrait des *Idées noires* de Franquin
parues en 1981 aux éditions Audie-Fluide glacial (tome 1).

Corpus

Texte A : Extrait du chapitre 19 de *Candide* de Voltaire (p. 142, ligne 19, à p. 144, ligne 50).

Texte B : Extrait du *Dernier Jour d'un condamné* de Victor Hugo (p. 154).

Texte C : Extrait de *Réflexions sur la guillotine* d'Albert Camus (pp. 154-155).

Texte D : Extrait du discours de Robert Badinter à l'Assemblée nationale (pp. 155-156).

Document : Dessin de Franquin extrait de ses *Idées noires* (p. 157).

Examen des textes

❶ Étudiez la composition du texte B.

❷ Relevez, dans le texte B, un exemple d'opposition et commentez-la.

❸ Étudiez les valeurs du pronom « *on* » dans le premier paragraphe du texte C.

❹ Étudiez les marques de la généralisation dans le second paragraphe du texte C.

❺ Quels sont les arguments* présentés successivement par Robert Badinter pour demander l'abolition de la peine de mort dans l'extrait de son discours (texte D) ?

Travaux d'écriture

Question préliminaire

Quelle place occupent le crime et son châtiment dans les différents textes présentés ici ?

Commentaire

Vous ferez le commentaire de la première page du *Dernier Jour d'un condamné* de Victor Hugo.

Dissertation

Victor Hugo, dans *Le Dernier Jour d'un condamné*, comme Voltaire dans *Candide*, bien que sur un registre* différent, utilise la littérature comme une tribune. En vous référant au

* *Cf.* Lexique.

corpus mais aussi à vos propres lectures, vous direz si la littérature a pour fonction de transmettre des idées.

Écriture d'invention
Imaginez, à notre époque, un dialogue argumenté et animé entre un partisan et un adversaire de la peine de mort.

* Cf. Lexique.

Chapitre vingtième

Ce qui arriva sur mer à Candide et à Martin

Le vieux savant, qui s'appelait Martin, s'embarqua donc pour Bordeaux avec Candide. L'un et l'autre avaient beaucoup vu et beaucoup souffert ; et, quand le vaisseau aurait dû faire voile de Surinam[1] au Japon par le cap de Bonne-Espérance, ils auraient eu

5 de quoi s'entretenir du mal moral et du mal physique pendant tout le voyage.

Cependant Candide avait un grand avantage sur Martin, c'est qu'il espérait toujours revoir mademoiselle Cunégonde, et que Martin n'avait rien à espérer ; de plus il avait de l'or et des dia-

10 mants ; et quoiqu'il eût perdu cent gros moutons rouges chargés des plus grands trésors de la terre, quoiqu'il eût toujours sur le cœur la friponnerie[2] du patron hollandais, cependant, quand il songeait à ce qui lui restait dans ses poches, et quand il parlait de

notes

| 1. **Surinam** : Guyane hollandaise. | 2. **friponnerie** : escroquerie. |

Cunégonde, surtout à la fin du repas, il penchait alors pour le
système de Pangloss.

« Mais vous, monsieur Martin, dit-il au savant, que pensez-vous
de tout cela ? Quelle est votre idée sur le mal moral et le mal phy-
sique ? – Monsieur, répondit Martin, mes prêtres m'ont accusé
d'être socinien[1] ; mais la vérité du fait est que je suis manichéen[2].
– Vous vous moquez de moi, dit Candide ; il n'y a plus de mani-
chéens dans le monde. – Il y a moi, dit Martin ; je ne sais qu'y
faire, mais je ne peux penser autrement. – Il faut que vous ayez le
diable au corps, dit Candide. – Il se mêle si fort des affaires de ce
monde, dit Martin, qu'il pourrait bien être dans mon corps,
comme partout ailleurs ; mais je vous avoue qu'en jetant la vue
sur ce globe, ou plutôt sur ce globule[3], je pense que Dieu l'a
abandonné à quelque être malfaisant ; j'en excepte toujours
Eldorado. Je n'ai guère vu de ville qui ne désirât la ruine de la
ville voisine, point de famille qui ne voulût exterminer quelque
autre famille. Partout les faibles ont en exécration les puissants
devant lesquels ils rampent, et les puissants les traitent comme des
troupeaux dont on vend la laine et la chair. Un million d'assassins
enrégimentés, courant d'un bout de l'Europe à l'autre, exerce le
meurtre et le brigandage avec discipline pour gagner son pain,
parce qu'il n'a pas de métier plus honnête ; et dans les villes qui
paraissent jouir de la paix, et où les arts fleurissent, les hommes
sont dévorés de plus d'envie, de soins[4] et d'inquiétudes qu'une
ville assiégée n'éprouve de fléaux. Les chagrins secrets sont
encore plus cruels que les misères publiques. En un mot, j'en ai
tant vu et tant éprouvé que je suis manichéen.

notes

1. socinien : disciple de Socin (XVIe siècle) qui croyait en un Dieu mais niait la divinité du Christ.

2. manichéen : disciple de Manès (philosophe perse, IIIe siècle ap. J.-C.) qui explique le monde par l'opposition du Bien et du Mal.

3. globule : petit globe.

4. soins : soucis.

– Il y a pourtant du bon, répliquait Candide. – Cela peut être, disait Martin, mais je ne le connais pas. »

Au milieu de cette dispute[1], on entendit un bruit de canon. Le bruit redouble de moment en moment. Chacun prend sa lunette. On aperçoit deux vaisseaux qui combattaient à la distance d'environ trois milles[2]. Le vent les amena l'un et l'autre si près du vaisseau français, qu'on eut le plaisir de voir le combat tout à son aise. Enfin, l'un des deux vaisseaux lâcha à l'autre une bordée[3] si bas et si juste, qu'il le coula à fond. Candide et Martin aperçurent distinctement une centaine d'hommes sur le tillac[4] du vaisseau qui s'enfonçait ; ils levaient tous les mains au ciel, et jetaient des clameurs effroyables ; en un moment tout fut englouti.

Dessin à l'encre de chine d'un combat naval par P. Ozanne.

notes

1. **dispute** : discussion philosophique.
2. **trois milles** : environ 6 kilomètres.
3. **bordée** : tir simultané de tous les canons installés sur un côté du navire.
4. **tillac** : pont supérieur.

« Eh bien, dit Martin, voilà comme les hommes se traitent les uns les autres. – Il est vrai, dit Candide, qu'il y a quelque chose de
55 diabolique dans cette affaire. » En parlant ainsi il aperçut je ne sais quoi d'un rouge éclatant qui nageait auprès de son vaisseau. On détacha la chaloupe pour voir ce que ce pouvait être, c'était un de ses moutons. Candide eut plus de joie de retrouver ce mouton, qu'il n'avait été affligé d'en perdre cent tous chargés de gros
60 diamants d'Eldorado.

Le capitaine français aperçut bientôt que le capitaine du vaisseau submergeant était espagnol, et que celui du vaisseau submergé était un pirate hollandais ; c'était celui-là même qui avait volé Candide. Les richesses immenses dont ce scélérat s'était
65 emparé furent ensevelies avec lui dans la mer, et il n'y eut qu'un mouton de sauvé. « Vous voyez, dit Candide à Martin, que le crime est puni quelquefois ; ce coquin[1] de patron hollandais a eu le sort qu'il méritait. – Oui, dit Martin ; mais fallait-il que les passagers qui étaient sur son vaisseau, périssent aussi ? Dieu a puni ce
70 fripon, le diable a noyé les autres. »

Cependant le vaisseau français et l'espagnol continuèrent leur route, et Candide continua ses conversations avec Martin. Ils disputèrent[2] quinze jours de suite, et au bout de quinze jours ils étaient aussi avancés que le premier. Mais enfin ils parlaient, ils se
75 communiquaient des idées, ils se consolaient. Candide caressait son mouton. « Puisque je t'ai retrouvé, dit-il, je pourrai bien retrouver Cunégonde. »

notes

1. coquin : roturier, personne de modeste condition.

2. disputèrent : discutèrent, argumentèrent des positions contradictoires.

Chapitre vingt et unième

Candide et Martin approchent des côtes de France et raisonnent

On aperçut enfin les côtes de France. « Avez-vous jamais été en France, monsieur Martin ? dit Candide. – Oui, dit Martin, j'ai parcouru plusieurs provinces. Il y en a où la moitié des habitants est folle, quelques-unes où l'on est trop rusé, d'autres où l'on est
5 communément assez doux et assez bête, d'autres où l'on fait le bel esprit ; et, dans toutes, la principale occupation est l'amour ; la seconde, de médire ; et la troisième, de dire des sottises. – Mais, monsieur Martin, avez-vous vu Paris ? – Oui, j'ai vu Paris ; il tient de toutes ces espèces-là ; c'est un chaos, c'est une presse[1] dans
10 laquelle tout le monde cherche le plaisir, et où presque personne ne le trouve, du moins à ce qu'il m'a paru. J'y ai séjourné peu ; j'y fus volé, en arrivant, de tout ce que j'avais, par des filous, à la foire Saint-Germain ; on me prit moi-même pour un voleur,

note

| 1. presse : foule agitée.

et je fus huit jours en prison ; après quoi je me fis correcteur
d'imprimerie pour gagner de quoi retourner à pied en Hollande.
Je connus la canaille écrivante, la canaille cabalante[1], et la canaille
convulsionnaire[2]. On dit qu'il y a des gens fort polis dans cette
ville-là : je le veux croire.

— Pour moi, je n'ai nulle curiosité de voir la France, dit
Candide ; vous devinez aisément que quand on a passé un mois
dans Eldorado, on ne se soucie plus de rien voir sur la terre que
mademoiselle Cunégonde : je vais l'attendre à Venise ; nous tra-
verserons la France pour aller en Italie ; ne m'accompagnerez-
vous pas ? — Très volontiers, dit Martin ; on dit que Venise n'est
bonne que pour les nobles vénitiens, mais que cependant on y
reçoit très bien les étrangers quand ils ont beaucoup d'argent ; je
n'en ai point ; vous en avez, je vous suivrai partout. — À propos,
dit Candide, pensez-vous que la terre ait été originairement une
mer, comme on l'assure dans ce gros livre[3] qui appartient au capi-
taine du vaisseau ? — Je n'en crois rien du tout, dit Martin, non
plus que toutes les rêveries qu'on nous débite depuis quelque
temps. — Mais à quelle fin ce monde a-t-il donc été formé ? dit
Candide. — Pour nous faire enrager, répondit Martin. — N'êtes-
vous pas bien étonné, continua Candide, de l'amour que ces deux
filles du pays des Oreillons avaient pour ces deux singes, et dont
je vous ai conté l'aventure ? — Point du tout, dit Martin ; je ne
vois pas ce que cette passion a d'étrange : j'ai tant vu de choses
extraordinaires qu'il n'y a plus rien d'extraordinaire. — Croyez-
vous, dit Candide, que les hommes se soient toujours mutuelle-
ment massacrés comme ils font aujourd'hui ? qu'ils aient toujours
été menteurs, fourbes, perfides, ingrats, brigands, faibles, volages[4],

notes ..

1. cabalante : se rapporte
aux religieux qui se lancent
dans des controverses (les
cabales).

2. convulsionnaire :
se rapporte à ceux qui
expriment leur mysticisme
ou leur fanatisme par des
convulsions.

3. gros livre : sans doute une
allusion à *La Théorie de la
terre* de Buffon (1749).
4. volages : infidèles.

lâches, envieux, gourmands, ivrognes, avares, ambitieux, sangui-
naires, calomniateurs, débauchés, fanatiques, hypocrites et sots ?
– Croyez-vous, dit Martin, que les éperviers aient toujours mangé
45 des pigeons quand ils en ont trouvé ? – Oui, sans doute, dit
Candide. – Eh bien ! dit Martin, si les éperviers ont toujours eu
le même caractère, pourquoi voulez-vous que les hommes aient
changé le leur ? – Oh ! dit Candide, il y a bien de la différence,
car le libre arbitre[1]... » En raisonnant ainsi, ils arrivèrent à Bordeaux.

Candide et Martin raisonnent sur le bateau qui les **mène en France,** gravure d'Adrien Moreau d'après Huyot.

note

1. **libre arbitre :** capacité de
l'homme de décider, à la
différence des animaux.

Chapitre vingt-deuxième

Ce qui arriva en France à Candide et à Martin

Candide ne s'arrêta dans Bordeaux qu'autant de temps qu'il en fallait pour vendre quelques cailloux du Dorado, et pour s'accommoder[1] d'une bonne chaise à deux places[2] ; car il ne pouvait plus se passer de son philosophe Martin ; il fut seulement très

5 fâché de se séparer de son mouton, qu'il laissa à l'Académie des sciences de Bordeaux, laquelle proposa pour le sujet du prix de cette année de trouver pourquoi la laine de ce mouton était rouge ; et le prix fut adjugé à un savant[3] du Nord, qui démontra par A, plus B, moins C, divisé par Z, que le mouton devait être

10 rouge, et mourir de la clavelée[4].

Cependant tous les voyageurs que Candide rencontra dans les cabarets de la route lui disaient : « Nous allons à Paris. » Cet

notes

1. s'accommoder : louer.
2. chaise à deux places : voiture à deux places.

3. un savant : allusion à Leibniz ou à Maupertuis, savant français avec qui Voltaire eut une querelle.

4. clavelée : maladie contagieuse (appelée parfois *rougeole*) affectant les bêtes à laine.

empressement général lui donna enfin l'envie de voir cette capitale ; ce n'était pas beaucoup se détourner du chemin de Venise.

15 Il entra par le faubourg Saint-Marceau[1], et crut être dans le plus vilain village de la Vestphalie[2].

 À peine Candide fut-il dans son auberge, qu'il fut attaqué d'une maladie légère, causée par ses fatigues. Comme il avait au doigt un diamant énorme, et qu'on avait aperçu dans son équipage une
20 cassette prodigieusement pesante, il eut aussitôt auprès de lui deux médecins qu'il n'avait pas mandés[3], quelques amis intimes qui ne le quittèrent pas, et deux dévotes[4] qui faisaient chauffer ses bouillons. Martin disait : « Je me souviens d'avoir été malade aussi à Paris dans mon premier voyage ; j'étais fort pauvre : aussi n'eus-
25 je ni amis, ni dévotes, ni médecins, et je guéris. »

 Cependant, à force de médecines[5] et de saignées, la maladie de Candide devint sérieuse. Un habitué[6] du quartier vint avec douceur lui demander un billet payable au porteur[7] pour l'autre monde : Candide n'en voulut rien faire. Les dévotes l'assurèrent que c'était
30 une nouvelle mode ; Candide répondit qu'il n'était point homme à la mode. Martin voulut jeter l'habitué par les fenêtres. Le clerc[8] jura qu'on n'enterrerait point Candide. Martin jura qu'il enterrerait le clerc s'il continuait à les importuner. La querelle s'échauffa : Martin le prit par les épaules et le chassa rudement ; ce qui causa un grand
35 scandale, dont on fit un procès-verbal.

 Candide guérit ; et pendant sa convalescence il eut très bonne compagnie à souper chez lui. On jouait gros jeu. Candide était tout étonné que jamais les as ne lui vinssent ; et Martin ne s'en étonnait pas.

notes ..

1. Saint-Marceau : quartier misérable du sud de Paris, actuel quartier des Gobelins.

2. Vestphalie : Westphalie (province de l'Allemagne).

3. mandés : appelés.

4. dévotes : personnes particulièrement pieuses.

5. médecines : médicaments à avaler.

6. habitué : abréviation pour *prêtre habitué*, c'est-à-dire « auxiliaire de la paroisse ».

7. billet payable au porteur : allusion à des certificats de confession exigés par certains prêtres pour les enterrements.

8. clerc : ecclésiastique.

Le marché des Innocents à Paris. Tableau de Jean Charles Tardieu (1765-1830), musée du Louvre.

40 Parmi ceux qui lui faisaient les honneurs de la ville, il y avait un petit abbé[1] périgourdin, l'un de ces gens empressés, toujours alertes, toujours serviables, effrontés[2], caressants, accommodants, qui guettent les étrangers à leur passage, leur content l'histoire scandaleuse[3] de la ville, et leur offrent des plaisirs à tout prix. Celui-ci mena
45 d'abord Candide et Martin à la comédie[4]. On y jouait une tragédie nouvelle. Candide se trouva placé auprès de quelques beaux esprits. Cela ne l'empêcha pas de pleurer à des scènes jouées parfaitement. Un des raisonneurs qui étaient à ses côtés lui dit dans un entracte : « Vous avez grand tort de pleurer, cette actrice est fort
50 mauvaise ; l'acteur qui joue avec elle est plus mauvais acteur encore ; la pièce est encore plus mauvaise que les acteurs ; l'auteur ne sait pas un mot d'arabe, et cependant la scène est en Arabie ; et, de plus, c'est un homme qui ne croit pas aux idées innées[5] ; je vous apporterai demain vingt brochures contre lui. – Monsieur, com-
55 bien avez-vous de pièces de théâtre en France ? » dit Candide à l'abbé ; lequel répondit : « Cinq ou six mille. – C'est beaucoup, dit Candide ; combien y en a-t-il de bonnes ? – Quinze ou seize, répliqua l'autre. – C'est beaucoup », dit Martin.

 Candide fut très content d'une actrice qui faisait la reine Élisa-
60 beth, dans une assez plate tragédie[6] que l'on joue quelquefois. « Cette actrice, dit-il à Martin, me plaît beaucoup ; elle a un faux air de mademoiselle Cunégonde ; je serais bien aise de la saluer. » L'abbé périgourdin s'offrit à l'introduire chez elle. Candide, élevé en Allemagne, demanda quelle était l'étiquette[7], et comment on
65 traitait en France les reines d'Angleterre. « Il faut distinguer, dit

notes

1. abbé : titulaire d'un bénéfice ecclésiastique ; ce n'est pas nécessairement un prêtre.

2. effrontés : très familiers.

3. l'histoire scandaleuse : les ragots.

4. la comédie : le théâtre.

5. idées innées : idées que nous aurions déjà à la naissance (l'*inné* s'oppose à l'*acquis*).

6. assez plate tragédie : sans doute une allusion à la pièce de Thomas Corneille, *Le Comte d'Essex*.

7. l'étiquette : le cérémonial en usage dans une Cour.

l'abbé ; en province, on les mène au cabaret ; à Paris, on les res-
pecte quand elles sont belles, et on les jette à la voirie[1] quand elles
sont mortes. – Des reines à la voirie ! dit Candide. – Oui vrai-
ment, dit Martin ; monsieur l'abbé a raison : j'étais à Paris quand
70 mademoiselle Monime[2] passa, comme on dit, de cette vie à
l'autre ; on lui refusa ce que ces gens-ci appellent *les honneurs de
la sépulture,* c'est-à-dire de pourrir avec tous les gueux[3] du quar-
tier dans un vilain cimetière ; elle fut enterrée toute seule de sa
bande[4] au coin de la rue de Bourgogne ; ce qui dut lui faire une
75 peine extrême, car elle pensait très noblement. – Cela est bien
impoli, dit Candide. – Que voulez-vous ? dit Martin ; ces gens-
ci sont ainsi faits. Imaginez toutes les contradictions, toutes les
incompatibilités possibles, vous les verrez dans le gouvernement,
dans les tribunaux, dans les églises, dans les spectacles de cette
80 drôle de nation. – Est-il vrai qu'on rit toujours à Paris ? dit
Candide. – Oui, dit l'abbé ; mais c'est en enrageant : car on s'y
plaint de tout avec de grands éclats de rire ; même on y fait en
riant les actions les plus détestables.

 – Quel est, dit Candide, ce gros cochon qui me disait tant de
85 mal de la pièce où j'ai tant pleuré[5], et des acteurs qui m'ont fait
tant de plaisir ? – C'est un mal vivant, répondit l'abbé, qui gagne
sa vie à dire du mal de toutes les pièces et de tous les livres ; il hait
quiconque réussit, comme les eunuques[6] haïssent les jouissants ;
c'est un de ces serpents de la littérature qui se nourrissent de
90 fange[7] et de venin : c'est un folliculaire[8]. – Qu'appelez-vous

notes ...

1. la voirie : ici, lieu où sont
déposées les ordures.

2. mademoiselle Monime :
actrice qui a joué le rôle de
Monime dans *Mithridate* de
Racine et à qui on a refusé la
sépulture chrétienne, selon
l'usage qui fait que les
acteurs sont exclus des
sacrements de l'Église.

3. gueux : pauvres
misérables.

4. seule de sa bande : seule
à l'écart.

**5. la pièce où j'ai tant
pleuré :** sans doute une
allusion à *Tancrède* (1760) de
Voltaire, où s'illustra l'actrice
appelée « la Clairon ».

6. eunuques : hommes
châtrés qui gardent le
harem.

7. fange : boue.

8. folliculaire : journaliste
piètre et malintentionné
(invention de Voltaire).

La partie de pharaon chez la marquise,
mise en scène de Jean-Claude Amyl, théâtre de Chaillot, 1978.

folliculaire ? dit Candide. – C'est, dit l'abbé, un faiseur de feuilles[1], un *Fréron*[2]. »

C'est ainsi que Candide, Martin et le Périgourdin raisonnaient sur l'escalier, en voyant défiler le monde au sortir de la pièce.

95 « Quoique je sois très empressé de revoir mademoiselle Cunégonde, dit Candide, je voudrais pourtant souper avec mademoiselle Clairon[3], car elle m'a paru admirable. »

L'abbé n'était pas homme à approcher de mademoiselle Clairon, qui ne voyait que bonne compagnie. « Elle est engagée 100 pour ce soir, dit-il ; mais j'aurai l'honneur de vous mener chez une dame de qualité, et là vous connaîtrez Paris comme si vous y aviez été quatre ans. »

Candide, qui était naturellement curieux, se laissa mener chez la dame, au fond du faubourg Saint-Honoré ; on y était occupé 105 d'un pharaon[4] ; douze tristes pontes[5] tenaient chacun en main un petit livre de cartes, registre cornu[6] de leurs infortunes. Un profond silence régnait, la pâleur était sur le front des pontes, l'inquiétude sur celui du banquier ; et la dame du logis, assise auprès de ce banquier impitoyable, remarquait avec des yeux de lynx 110 tous les parolis, tous les sept-et-le-va[7] de campagne, dont chaque joueur cornait ses cartes ; elle les faisait décorner avec une attention sévère, mais polie, et ne se fâchait point, de peur de perdre ses pratiques[8]. La dame se faisait appeler la marquise de Parolignac. Sa fille, âgée de quinze ans, était au nombre des 115 pontes, et avertissait d'un clin d'œil des friponneries de ces pauvres gens qui tâchaient de réparer les cruautés du sort. L'abbé

notes

1. feuilles : journaux.
2. un Fréron : Élie Fréron, rédacteur de *L'Année littéraire* (« *un F...* », dans certaines éditions).
3. mademoiselle Clairon : célèbre actrice, très admirée par Voltaire et Diderot.

4. pharaon : jeu de cartes.
5. pontes : ici, joueurs (jeu d'argent).
6. registre cornu : le joueur corne sa carte au moment de la mise.

7. parolis, [...] sept-et-le-va : vocabulaire utilisé lors du pharaon.
8. pratiques : clients.

périgourdin, Candide et Martin entrèrent ; personne ne se leva,
ni les salua, ni les regarda ; tous étaient profondément occupés de
leurs cartes. « Madame la baronne de Thunder-ten-tronckh était
120 plus civile », dit Candide.

Cependant l'abbé s'approcha de l'oreille de la marquise, qui se
leva à moitié, honora Candide d'un sourire gracieux, et Martin
d'un air de tête tout à fait noble ; elle fit donner un siège et un
jeu de cartes à Candide, qui perdit cinquante mille francs en deux
125 tailles[1] : après quoi on soupa très gaiement ; et tout le monde était
étonné que Candide ne fût pas ému de sa perte ; les laquais
disaient entre eux, dans leur langage de laquais : « Il faut que ce
soit quelque milord[2] anglais. »

Le souper fut comme la plupart des soupers de Paris : d'abord
130 du silence, ensuite un bruit de paroles qu'on ne distingue point,
puis des plaisanteries dont la plupart sont insipides[3], de fausses
nouvelles, de mauvais raisonnements, un peu de politique, et
beaucoup de médisance ; on parla même de livres nouveaux.
« Avez-vous vu, dit l'abbé périgourdin, le roman du sieur
135 Gauchat[4], docteur en théologie[5] ? – Oui, répondit un des
convives ; mais je n'ai pu l'achever. Nous avons une foule d'écrits
impertinents ; mais tous ensemble n'approchent pas de l'imperti-
nence de Gauchat, docteur en théologie ; je suis si rassasié de
cette immensité de détestables livres qui nous inondent que je me
140 suis mis à ponter au pharaon. – Et les *Mélanges* de l'archidiacre[6]
T...[7], qu'en dites-vous ? dit l'abbé. – Ah ! dit madame de
Parolignac, l'ennuyeux mortel ! comme il vous dit curieusement[8]
ce que tout le monde sait ! comme il discute pesamment ce qui
ne vaut pas la peine d'être remarqué légèrement ; comme il

notes

1. **tailles** : séries complètes de coups.
2. **milord** : terme français pour désigner les nobles (lords) anglais.
3. **insipides** : sans saveur.
4. **Gauchat** : adversaire des encyclopédistes.
5. **théologie** : étude des questions religieuses.
6. **archidiacre** : dignitaire ecclésiastique.
7. **T...** : abbé Trulet.
8. **curieusement** : précisément.

145 s'approprie, sans esprit, l'esprit des autres ! comme il gâte ce qu'il
pille ! comme il me dégoûte ! mais il ne me dégoûtera plus ; c'est
assez d'avoir lu quelques pages de l'archidiacre. »

Il y avait à table un homme savant et de goût qui appuya ce
que disait la marquise. On parla ensuite de tragédies ; la dame

150 demanda pourquoi il y avait des tragédies qu'on jouait quelque-
fois, et qu'on ne pouvait lire. L'homme de goût expliqua très
bien comment une pièce pouvait avoir quelque intérêt, et
n'avoir presque aucun mérite ; il prouva en peu de mots que ce
n'était pas assez d'amener une ou deux de ces situations qu'on

155 trouve dans tous les romans, et qui séduisent toujours les specta-
teurs, mais qu'il faut être neuf sans être bizarre, souvent sublime
et toujours naturel ; connaître le cœur humain et le faire parler ;
être grand poète sans que jamais aucun personnage de la pièce
paraisse poète ; savoir parfaitement sa langue, la parler avec pure-

160 té, avec une harmonie continue, sans que jamais la rime coûte
rien au sens. « Quiconque, ajouta-t-il, n'observe pas toutes ces
règles peut faire une ou deux tragédies applaudies au théâtre,
mais il ne sera jamais compté au rang des bons écrivains ; il y a
très peu de bonnes tragédies : les unes sont des idylles[1] en dia-

165 logues bien écrits et bien rimés ; les autres, des raisonnements
politiques qui endorment, ou des amplifications qui rebutent ; les
autres, des rêves d'énergumène, en style barbare, des propos
interrompus, de longues apostrophes aux dieux, parce qu'on ne
sait point parler aux hommes, des maximes fausses, des lieux

170 communs ampoulés[2]. »

Candide écouta ce propos avec attention, et conçut une grande
idée du discoureur ; et, comme la marquise avait eu soin de le pla-
cer à côté d'elle, il s'approcha de son oreille, et prit la liberté de

notes

1. **idylles** : poèmes d'amour pastoral.

2. **ampoulés** : prétentieux, emphatiques (style emphatique).

lui demander qui était cet homme qui parlait si bien. « C'est un
175 savant, dit la dame, qui ne ponte point, et que l'abbé m'amène
quelquefois à souper : il se connaît parfaitement en tragédies et
en livres, et il a fait une tragédie sifflée, et un livre dont on n'a
jamais vu hors de la boutique de son libraire qu'un exemplaire, qu'il
m'a dédié. – Le grand homme ! dit Candide, c'est un autre Pangloss. »
180 Alors, se tournant vers lui, il lui dit : « Monsieur, vous pensez,
sans doute, que tout est au mieux dans le monde physique et dans
le moral, et que rien ne pouvait être autrement ? – Moi, mon-
sieur, lui répondit le savant, je ne pense rien de tout cela : je trouve
que tout va de travers chez nous ; que personne ne sait ni quel est
185 son rang, ni quelle est sa charge, ni ce qu'il fait, ni ce qu'il doit
faire, et qu'excepté le souper, qui est assez gai, et où il paraît assez
d'union, tout le reste du temps se passe en querelles imperti-
nentes : jansénistes[1] contre molinistes[2], gens du parlement contre
gens d'église, gens de lettres contre gens de lettres, courtisans
190 contre courtisans, financiers contre le peuple, femmes contre
maris, parents contre parents ; c'est une guerre éternelle. »
Candide lui répliqua : « J'ai vu pis : mais un sage, qui depuis a
eu le malheur d'être pendu, m'apprit que tout cela est à mer-
veille : ce sont des ombres à un beau tableau. – Votre pendu se
195 moquait du monde, dit Martin ; vos ombres sont des taches hor-
ribles. – Ce sont les hommes qui font les taches, dit Candide, et
ils ne peuvent pas s'en dispenser. – Ce n'est donc pas leur faute,
dit Martin. » La plupart des pontes, qui n'entendaient rien à ce
langage, buvaient ; et Martin raisonna avec le savant, et Candide
200 raconta une partie de ses aventures à la dame du logis.
Après souper, la marquise mena Candide dans son cabinet, et le
fit asseoir sur un canapé. « Eh bien, lui dit-elle, vous aimez donc

notes

1. jansénistes : moines
disciples de Jansénius
croyant à la prédestination
(doctrine de saint Augustin).

2. molinistes : jésuites
(Molina est un théologien) ;
ils s'opposent aux jansénistes
par leur théorie du libre
arbitre (*cf.* note, p. 166).

toujours éperdument mademoiselle Cunégonde de Thunder-
ten-tronckh ? – Oui, madame », répondit Candide. La marquise
205 lui répliqua avec un sourire tendre : « Vous me répondez comme
un jeune homme de Vestphalie ; un Français m'aurait dit : "Il est
vrai que j'ai aimé mademoiselle Cunégonde ; mais, en vous voyant,
madame, je crains de ne la plus aimer." – Hélas ! madame, dit
Candide, je répondrai comme vous voudrez. – Votre passion pour
210 elle, dit la marquise, a commencé en ramassant son mouchoir ; je
veux que vous ramassiez ma jarretière. – De tout mon cœur », dit
Candide ; et il la ramassa. « Mais je veux que vous me la remet-
tiez », dit la dame ; et Candide la lui remit. « Voyez-vous, dit la
dame, vous êtes étranger ; je fais quelquefois languir mes amants
215 de Paris quinze jours, mais je me rends à vous dès la première nuit,
parce qu'il faut faire les honneurs de son pays à un jeune homme
de Vestphalie. » La belle, ayant aperçu deux énormes diamants aux
deux mains de son jeune étranger, les loua de si bonne foi que
des doigts de Candide ils passèrent aux doigts de la marquise.

220 Candide, en s'en retournant avec son abbé périgourdin, sentit
quelques remords d'avoir fait une infidélité à mademoiselle
Cunégonde ; monsieur l'abbé entra dans sa peine ; il n'avait
qu'une légère part aux cinquante mille livres perdues au jeu par
Candide, et à la valeur des deux brillants moitié donnés, moitié
225 extorqués. Son dessein[1] était de profiter, autant qu'il le pourrait,
des avantages que la connaissance de Candide pouvait lui procu-
rer. Il lui parla beaucoup de Cunégonde, et Candide lui dit qu'il
demanderait bien pardon à cette belle de son infidélité, quand il
la verrait à Venise.

230 Le Périgourdin redoublait de politesses et d'attentions, et pre-
nait un intérêt tendre à tout ce que Candide disait, à tout ce qu'il
faisait, à tout ce qu'il voulait faire. « Vous avez donc, monsieur, lui
dit-il, un rendez-vous à Venise ? – Oui, monsieur l'abbé, dit

note ·····································

l **1. dessein** : intention, projet.

Candide ; il faut absolument que j'aille trouver mademoiselle
235 Cunégonde. » Alors, engagé par le plaisir de parler de ce qu'il
aimait, il conta, selon son usage, une partie de ses aventures avec
cette illustre Vestphalienne.

« Je crois, dit l'abbé, que mademoiselle Cunégonde a bien de
l'esprit, et qu'elle écrit des lettres charmantes. – Je n'en ai jamais
240 reçu, dit Candide ; car, figurez-vous qu'ayant été chassé du châ-
teau pour l'amour d'elle, je ne pus lui écrire ; que bientôt après
j'appris qu'elle était morte, qu'ensuite je la retrouvai, et que je la
perdis, et que je lui ai envoyé à deux mille cinq cents lieues[1] d'ici
un exprès[2] dont j'attends la réponse. »

245 L'abbé écoutait attentivement, et paraissait un peu rêveur. Il prit
bientôt congé des deux étrangers, après les avoir tendrement
embrassés. Le lendemain Candide reçut à son réveil une lettre
conçue en ces termes :

« Monsieur mon très cher amant, il y a huit jours que je suis
250 malade en cette ville ; j'apprends que vous y êtes. Je volerais dans
vos bras si je pouvais remuer. J'ai su votre passage à Bordeaux ; j'y
ai laissé le fidèle Cacambo et la vieille, qui doivent bientôt me
suivre. Le gouverneur de Buenos-Ayres a tout pris, mais il me
reste votre cœur. Venez ; votre présence me rendra la vie ou me
255 fera mourir de plaisir. »

Cette lettre charmante, cette lettre inespérée, transporta
Candide d'une joie inexprimable ; et la maladie de sa chère
Cunégonde l'accabla de douleur. Partagé entre ces deux senti-
ments, il prend son or et ses diamants, et se fait conduire avec
260 Martin à l'hôtel où mademoiselle Cunégonde demeurait. Il entre
en tremblant d'émotion, son cœur palpite, sa voix sanglote ; il veut
ouvrir les rideaux du lit ; il veut faire apporter de la lumière.
« Gardez-vous-en bien, lui dit la suivante[3] ; la lumière la tue », et

notes ..

| 1. deux mille cinq cents | 2. exprès : lettre portée par | 3. suivante : dame de |
| lieues : environ 1 000 km. | un messager (Cacambo). | compagnie. |

soudain elle referme le rideau. « Ma chère Cunégonde, dit
265 Candide en pleurant, comment vous portez-vous ? si vous ne
pouvez me voir, parlez-moi du moins. – Elle ne peut parler », dit
la suivante. La dame alors tire du lit une main potelée que
Candide arrose longtemps de ses larmes, et qu'il remplit ensuite
de diamants, en laissant un sac plein d'or sur le fauteuil.

270 Au milieu de ses transports[1] arrive un exempt[2] suivi de l'abbé
périgourdin et d'une escouade[3]. « Voilà donc, dit-il, ces deux
étrangers suspects ? » Il les fait incontinent[4] saisir, et ordonne à
ses braves[5] de les traîner en prison. « Ce n'est pas ainsi qu'on
traite les voyageurs dans le Dorado, dit Candide. – Je suis plus
275 manichéen[6] que jamais, dit Martin. – Mais, monsieur, où nous
menez-vous ? dit Candide. – Dans un cul-de-basse-fosse[7] », dit
l'exempt.

Martin, ayant repris son sang-froid, jugea que la dame qui se
prétendait Cunégonde était une friponne, monsieur l'abbé péri-
280 gourdin un fripon qui avait abusé au plus vite de l'innocence de
Candide, et l'exempt un autre fripon dont on pouvait aisément
se débarrasser.

Plutôt que de s'exposer aux procédures de la justice, Candide,
éclairé par son conseil, et d'ailleurs toujours impatient de revoir
285 la véritable Cunégonde, propose à l'exempt trois petits diamants
d'environ trois mille pistoles chacun. « Ah ! monsieur, lui dit
l'homme au bâton d'ivoire[8], eussiez-vous commis tous les crimes
imaginables, vous êtes le plus honnête homme du monde. Trois
diamants ! chacun de trois mille pistoles ! Monsieur ! je me ferais
290 tuer pour vous, au lieu de vous mener dans un cachot. On arrête

notes ..

1. transports :
manifestations d'émotion.

2. exempt : officier de
police.

3. escouade : groupe de
fantassins ou de cavaliers.

4. incontinent :
immédiatement.

5. braves : hommes
de main.

6. manichéen : adepte de
la doctrine manichéenne qui
explique le monde par

l'opposition du Bien et du
Mal.

7. cul-de-basse-fosse :
cachot.

8. bâton d'ivoire : insigne
de la fonction d'officier de
police.

tous les étrangers, mais laissez-moi faire ; j'ai un frère à Dieppe en
Normandie ; je vais vous y mener ; et si vous avez quelque dia-
mant à lui donner, il aura soin de vous comme moi-même. – Et
pourquoi arrête-t-on tous les étrangers ? » dit Candide. L'abbé
295 périgourdin prit alors la parole, et dit : « C'est parce qu'un gueux[1]
du pays d'Atrébatie[2] a entendu dire des sottises, cela seul lui a fait
commettre un parricide[3], non pas tel que celui de 1610[4] au mois
de mai, mais tel que celui de 1594[5] au mois de décembre, et tel
que plusieurs autres commis dans d'autres années et dans d'autres
300 mois par d'autres gueux qui avaient entendu dire des sottises. »
 L'exempt alors expliqua de quoi il s'agissait. « Ah ! les monstres !
s'écria Candide ; quoi ! de telles horreurs chez un peuple qui
danse et qui chante ! Ne pourrai-je sortir au plus vite de ce pays
où des singes agacent des tigres ? J'ai vu des ours dans mon pays ;
305 je n'ai vu des hommes que dans le Dorado. Au nom de Dieu,
monsieur l'exempt, menez-moi à Venise, où je dois attendre
mademoiselle Cunégonde. – Je ne peux vous mener qu'en Basse-
Normandie », dit le barigel[6]. Aussitôt il lui fait ôter ses fers, dit
qu'il s'est mépris, renvoie ses gens, et emmène à Dieppe Candide
310 et Martin, et les laisse entre les mains de son frère. Il y avait un
petit vaisseau hollandais à la rade. Le Normand, à l'aide de trois
autres diamants devenu le plus serviable des hommes, embarque
Candide et ses gens dans le vaisseau qui allait faire voile pour
Portsmouth en Angleterre. Ce n'était pas le chemin de Venise ;
315 mais Candide croyait être délivré de l'enfer ; et il comptait bien
reprendre la route de Venise à la première occasion.

notes

1. **gueux** : allusion à
Damiens, auteur d'un
attentat contre Louis XV, le
5 janvier 1757.
2. **Atrébatie** : Artois.

3. **parricide** : le régicide, à
l'époque, était considéré
comme un parricide.
4. **1610** : assassinat
d'Henri IV par Ravaillac.

5. **1594** : tentative
d'assassinat d'Henri IV par
Jean Châtel.
6. **barigel** : officier de police
(en italien).

Chapitre vingt-troisième

Candide et Martin vont sur les côtes d'Angleterre ; ce qu'ils y voient

« Ah ! Pangloss ! Pangloss ! Ah ! Martin ! Martin ! Ah ! ma chère Cunégonde ! qu'est-ce que ce monde-ci ? disait Candide sur le vaisseau hollandais. – Quelque chose de bien fou et de bien abominable, répondait Martin. – Vous connaissez l'Angleterre ; y est-
5 on aussi fou qu'en France ? – C'est une autre espèce de folie, dit Martin. Vous savez que ces deux nations sont en guerre pour quelques arpents[1] de neige vers le Canada, et qu'elles dépensent pour cette belle guerre beaucoup plus que tout le Canada ne vaut. De vous dire précisément s'il y a plus de gens à lier[2] dans un
10 pays que dans un autre, c'est ce que mes faibles lumières[3] ne me permettent pas ; je sais seulement qu'en général les gens que nous allons voir sont fort atrabilaires[4]. »

notes

1. arpents : mesure agraire valant de 35 à 50 ares selon les régions.

2. à lier : fous à lier.
3. lumières : ici, connaissances.

4. atrabilaires : de tempérament bilieux (*cf.* note 5, p. 146).

L'amiral Bing fusillé
sur le vaisseau *Le Monarque*,
gravure de David d'après Le Jeune.

En causant ainsi ils abordèrent à Portsmouth ; une multitude de peuple couvrait le rivage, et regardait attentivement un assez gros

15 homme qui était à genoux, les yeux bandés, sur le tillac[1] d'un des vaisseaux de la flotte ; quatre soldats, postés vis-à-vis de cet homme, lui tirèrent chacun trois balles dans le crâne, le plus paisiblement du monde ; et toute l'assemblée s'en retourna extrêmement satisfaite. « Qu'est-ce donc que tout ceci ? dit Candide ;

20 et quel démon exerce partout son empire ? » Il demanda qui était ce gros homme qu'on venait de tuer en cérémonie. « C'est un amiral[2], lui répondit-on. – Et pourquoi tuer cet amiral ? – C'est, lui dit-on, parce qu'il n'a pas fait tuer assez de monde ; il a livré un combat à un amiral français, et on a trouvé qu'il n'était pas

25 assez près de lui. – Mais, dit Candide, l'amiral français était aussi loin de l'amiral anglais que celui-ci l'était de l'autre ! – Cela est incontestable, lui répliqua-t-on ; mais dans ce pays-ci il est bon de tuer de temps en temps un amiral pour encourager les autres. »

Candide fut si étourdi et si choqué de ce qu'il voyait et de ce

30 qu'il entendait qu'il ne voulut pas seulement mettre pied à terre, et qu'il fit son marché avec le patron hollandais (dût-il le voler comme celui de Surinam[3]) pour le conduire sans délai à Venise.

Le patron fut prêt au bout de deux jours. On côtoya la France ; on passa à la vue de Lisbonne, et Candide frémit. On entra dans

35 le détroit et dans la Méditerranée ; enfin on aborda à Venise. « Dieu soit loué ! dit Candide, en embrassant Martin ; c'est ici que je reverrai la belle Cunégonde. Je compte sur Cacambo comme sur moi-même. Tout est bien, tout va le mieux qu'il soit possible. »

notes

1. tillac : pont supérieur du navire.

2. un amiral : John Bing a été exécuté sur son vaisseau le 16 mars 1757 ; on lui reprochait de n'avoir pas mis assez d'énergie dans son combat contre l'ennemi.

Voltaire était intervenu en sa faveur.

3. celui de Surinam : le négociant Vanderdendur.

Chapitre vingt-quatrième

D e Paquette, et de frère Giroflée

Dès qu'il fut à Venise, il fit chercher Cacambo dans tous les cabarets, dans tous les cafés, chez toutes les filles de joie, et ne le trouva point. Il envoyait tous les jours à la découverte de tous les vaisseaux et de toutes les barques : nulles nouvelles de Cacambo.

5 « Quoi ! disait-il à Martin, j'ai eu le temps de passer de Surinam[1] à Bordeaux, d'aller de Bordeaux à Paris, de Paris à Dieppe, de Dieppe à Portsmouth, de côtoyer le Portugal et l'Espagne, de traverser toute la Méditerranée, de passer quelques mois à Venise, et la belle Cunégonde n'est point venue ! Je n'ai rencontré au lieu

10 d'elle qu'une drôlesse[2] et un abbé périgourdin ! Cunégonde est morte, sans doute ; je n'ai plus qu'à mourir. Ah ! il valait mieux rester dans le paradis du Dorado que de revenir dans cette

notes

| **1. Surinam** : Guyane hollandaise. | **2. une drôlesse** : une femme peu recommandable. |

maudite Europe. Que vous avez raison, mon cher Martin ! tout n'est qu'illusion et calamité[1]. »

15 Il tomba dans une mélancolie[2] noire, et ne prit aucune part à l'opéra *alla moda*[3], ni aux autres divertissements du carnaval ; pas une dame ne lui donna la moindre tentation. Martin lui dit : « Vous êtes bien simple, en vérité, de vous figurer qu'un valet métis qui a cinq ou six millions dans ses poches ira chercher votre

20 maîtresse au bout du monde et vous l'amènera à Venise. Il en prendra une autre : je vous conseille d'oublier votre valet Cacambo et votre maîtresse Cunégonde. » Martin n'était pas consolant. La mélancolie de Candide augmenta, et Martin ne cessait de lui prouver qu'il y avait peu de vertu et peu de bonheur

25 sur la terre ; excepté peut-être dans Eldorado, où personne ne pouvait aller.

 En disputant[4] sur cette matière importante, et en attendant Cunégonde, Candide aperçut un jeune théatin[5] dans la place Saint-Marc[6], qui tenait sous le bras une fille. Le théatin paraissait

30 frais, potelé, vigoureux ; ses yeux étaient brillants, son air assuré, sa mine haute, sa démarche fière. La fille était très jolie, et chantait ; elle regardait amoureusement son théatin, et de temps en temps lui pinçait ses grosses joues. « Vous m'avouerez du moins, dit Candide à Martin, que ces gens-ci sont heureux. Je n'ai trou-

35 vé jusqu'à présent dans toute la terre habitable, excepté dans Eldorado, que des infortunés ; mais pour cette fille et ce théatin, je gage que ce sont des créatures très heureuses. – Je gage que non, dit Martin. – Il n'y a qu'à les prier à dîner, dit Candide, et vous verrez si je me trompe. »

notes ..

1. calamité : désastre, fléau.
2. mélancolie : profonde tristesse selon la théorie des humeurs (*cf.* note 2, p. 54).
3. *alla moda* : à la mode ; sans doute une allusion à un ouvrage satirique publié en 1720, *Il Teatro alla moda* de Benedetto Marcello.
4. disputant : discutant en argumentant.
5. théatin : moine italien qui s'en remettait à Dieu pour sa subsistance et qui n'avait pas le droit de mendier.
6. place Saint-Marc : grande place à Venise.

40 Aussitôt il les aborde, il leur fait son compliment[1], et les invite à venir à son hôtellerie manger des macaronis, des perdrix de Lombardie, des œufs d'esturgeon, et à boire du vin de Montepulciano, du lacryma-christi, du chypre, et du samos[2]. La demoiselle rougit, le théatin accepta la partie[3], et la fille le suivit

45 en regardant Candide avec des yeux de surprise et de confusion, qui furent obscurcis de quelques larmes. À peine fut-elle entrée dans la chambre[4] de Candide, qu'elle lui dit : « Eh quoi ! monsieur Candide ne reconnaît plus Paquette ! » À ces mots, Candide, qui ne l'avait pas considérée jusque-là avec attention, parce qu'il

50 n'était occupé que de Cunégonde, lui dit : « Hélas ! ma pauvre enfant, c'est donc vous qui avez mis le docteur Pangloss dans le bel état où je l'ai vu ?

 – Hélas ! monsieur, c'est moi-même, dit Paquette ; je vois que vous êtes instruit de tout. J'ai su les malheurs épouvantables arri-

55 vés à toute la maison de madame la baronne et à la belle Cunégonde. Je vous jure que ma destinée n'a guère été moins triste. J'étais fort innocente quand vous m'avez vue. Un corde-lier[5], qui était mon confesseur, me séduisit aisément. Les suites en furent affreuses ; je fus obligée de sortir du château quelque temps

60 après que monsieur le baron vous eut renvoyé à grands coups de pied dans le derrière. Si un fameux médecin n'avait pas pris pitié de moi, j'étais morte. Je fus quelque temps par reconnaissance la maîtresse de ce médecin. Sa femme, qui était jalouse à la rage, me battait tous les jours impitoyablement ; c'était une furie. Ce

65 médecin était le plus laid de tous les hommes, et moi la plus mal-heureuse de toutes les créatures d'être battue continuellement

notes ..

1. **compliment :** formule de politesse pour saluer.
2. **lacryma-christi, [...] samos :** vins fins.
3. **la partie :** la partie de plaisir.

4. **chambre :** pièce de réception.
5. **cordelier :** moine franciscain (ordre de saint François d'Assise).

pour un homme que je n'aimais pas. Vous savez, monsieur, combien il est dangereux pour une femme acariâtre[1] d'être l'épouse d'un médecin. Celui-ci, outré des procédés de sa femme, lui
70 donna un jour, pour la guérir d'un petit rhume, une médecine si efficace qu'elle en mourut en deux heures de temps dans des convulsions horribles. Les parents de madame intentèrent à monsieur un procès criminel ; il prit la fuite, et moi, je fus mise en prison. Mon innocence ne m'aurait pas sauvée si je n'avais été un
75 peu jolie. Le juge m'élargit[2], à condition qu'il succéderait au médecin. Je fus bientôt supplantée par une rivale, chassée sans récompense, et obligée de continuer ce métier abominable qui vous paraît si plaisant à vous autres hommes, et qui n'est pour nous qu'un abîme de misère. J'allai exercer la profession à Venise.
80 Ah ! monsieur, si vous pouviez vous imaginer ce que c'est que d'être obligée de caresser indifféremment un vieux marchand, un avocat, un moine, un gondolier, un abbé ; d'être exposée à toutes les insultes, à toutes les avanies[3] ; d'être souvent réduite à emprunter une jupe pour aller se la faire lever par un homme dégoûtant ;
85 d'être volée par l'un de ce qu'on a gagné avec l'autre ; d'être rançonnée par les officiers de justice, et de n'avoir en perspective qu'une vieillesse affreuse, un hôpital, et un fumier[4], vous concluriez que je suis une des plus malheureuses créatures du monde. »

Paquette ouvrait ainsi son cœur au bon Candide, dans un cabi
90 net, en présence de Martin, qui disait à Candide : « Vous voyez que j'ai déjà gagné la moitié de la gageure[5]. »

Frère Girofflée était resté dans la salle à manger, et buvait un coup en attendant le dîner. « Mais, dit Candide à Paquette, vous aviez l'air si gai, si content, quand je vous ai rencontrée ; vous
95 chantiez, vous caressiez le théatin avec une complaisance naturelle ;

vous m'avez paru aussi heureuse que vous prétendez être infor-
tunée. – Ah ! monsieur, répondit Paquette, c'est encore là une des
misères du métier. J'ai été hier volée et battue par un officier, et
il faut aujourd'hui que je paraisse de bonne humeur pour plaire
100 à un moine. »

Candide n'en voulut pas davantage ; il avoua que Martin avait
raison. On se mit à table avec Paquette et le théatin ; le repas
fut assez amusant, et sur la fin on se parla avec confiance. « Mon
père, dit Candide au moine, vous me paraissez jouir d'une destinée
105 que tout le monde doit envier ; la fleur de la santé brille sur votre
visage, votre physionomie annonce le bonheur ; vous avez une
très jolie fille pour votre récréation, et vous paraissez très content
de votre état de théatin.

– Ma foi, monsieur, dit frère Giroflée, je voudrais que tous les
110 théatins fussent au fond de la mer. J'ai été tenté cent fois de
mettre le feu au couvent, et d'aller me faire turc[1]. Mes parents me
forcèrent, à l'âge de quinze ans, d'endosser cette détestable robe,
pour laisser plus de fortune à un maudit frère aîné que Dieu
confonde ! La jalousie, la discorde, la rage, habitent dans le cou-
115 vent. Il est vrai que j'ai prêché quelques mauvais sermons qui
m'ont valu un peu d'argent dont le prieur me vole la moitié : le
reste me sert à entretenir des filles ; mais quand je rentre le soir
dans le monastère, je suis prêt de me casser la tête contre les murs
du dortoir ; et tous mes confrères sont dans le même cas. »

120 Martin se tournant vers Candide avec son sang-froid ordinaire :
« Eh bien ! lui dit-il, n'ai-je pas gagné la gageure tout entière ? »
Candide donna deux mille piastres[2] à Paquette et mille piastres à
frère Giroflée. « Je vous réponds, dit-il, qu'avec cela ils seront heu-
reux. – Je n'en crois rien du tout, dit Martin ; vous les rendrez

notes

1. me faire turc : me
convertir à l'islam.

2. piastres : monnaie
espagnole utilisée en
Amérique du Sud.

125 peut-être avec ces piastres beaucoup plus malheureux encore. – Il en sera ce qui pourra, dit Candide ; mais une chose me console, je vois qu'on retrouve souvent les gens qu'on ne croyait jamais retrouver : il se pourra bien faire qu'ayant rencontré mon mouton rouge et Paquette, je rencontre aussi Cunégonde. – Je

130 souhaite, dit Martin, qu'elle fasse un jour votre bonheur ; mais c'est de quoi je doute fort. – Vous êtes bien dur, dit Candide. – C'est que j'ai vécu, dit Martin.

– Mais regardez ces gondoliers, dit Candide ; ne chantent-ils pas sans cesse ? – Vous ne les voyez pas dans leur ménage, avec leurs

135 femmes et leurs marmots d'enfants, dit Martin. Le doge[1] a ses chagrins, les gondoliers ont les leurs. Il est vrai qu'à tout prendre le sort d'un gondolier est préférable à celui d'un doge ; mais je crois la différence si médiocre que cela ne vaut pas la peine d'être examiné.

140 – On parle, dit Candide, du sénateur Pococuranté[2], qui demeure dans ce beau palais sur la Brenta[3], et qui reçoit assez bien les étrangers. On prétend que c'est un homme qui n'a jamais eu de chagrin. – Je voudrais voir une espèce si rare », dit Martin. Candide aussitôt fit demander au seigneur Pococuranté la

145 permission de venir le voir le lendemain.

notes

1. doge : celui qui gouverne la république de Venise.

2. Pococuranté : jeu de mots car ce nom, en italien, signifie « qui se soucie peu des choses ».

3. Brenta : rivière vénitienne au bord de laquelle sont bâtis de riches palais.

Chapitre vingt-cinquième

Visite chez le seigneur Pococuranté[1], noble vénitien

Candide et Martin allèrent en gondole sur la Brenta[2], et arrivèrent au palais du noble Pococuranté. Les jardins étaient bien entendus[3], et ornés de belles statues de marbre ; le palais, d'une belle architecture. Le maître du logis, homme de soixante ans, fort riche, reçut très poliment les deux curieux, mais avec très peu d'empressement, ce qui déconcerta Candide et ne déplut point à Martin.

D'abord deux filles jolies et proprement mises servirent du chocolat, qu'elles firent très bien mousser. Candide ne put s'empêcher de les louer[4] sur leur beauté, sur leur bonne grâce, et sur leur adresse. « Ce sont d'assez bonnes créatures, dit le sénateur Pococuranté ; je les fais quelquefois coucher dans mon lit ; car je

notes

1. **Pococuranté** : jeu de mots car ce nom, en italien, signifie « qui se soucie peu des choses ».

2. **Brenta** : rivière vénitienne au bord de laquelle sont bâtis de riches palais.

3. **entendus** : disposés.

4. **louer** : complimenter.

suis bien las des dames de la ville, de leurs coquetteries, de leurs jalousies, de leurs querelles, de leurs humeurs, de leurs petitesses,

15 de leur orgueil, de leurs sottises, et des sonnets[1] qu'il faut faire ou commander pour elles ; mais, après tout, ces deux filles commencent fort à m'ennuyer. »

Candide, après le déjeuner, se promenant dans une longue galerie, fut surpris de la beauté des tableaux. Il demanda de quel

20 maître étaient les deux premiers. « Ils sont de Raphaël[2], dit le sénateur ; je les achetai fort cher par vanité, il y a quelques années ; on dit que c'est ce qu'il y a de plus beau en Italie, mais ils ne me plaisent point du tout : la couleur en est très rembrunie[3], les figures ne sont pas assez arrondies, et ne sortent point

25 assez ; les draperies ne ressemblent en rien à une étoffe : en un mot, quoi qu'on en dise, je ne trouve point là une imitation vraie de la nature. Je n'aimerai un tableau que quand je croirai voir la nature elle-même : il n'y en a point de cette espèce. J'ai beaucoup de tableaux, mais je ne les regarde plus. »

30 Pococuranté, en attendant le dîner, se fit donner un concerto. Candide trouva la musique délicieuse. « Ce bruit, dit Pococuranté, peut amuser une demi-heure ; mais s'il dure plus longtemps, il fatigue tout le monde, quoique personne n'ose l'avouer. La musique aujourd'hui n'est plus que l'art d'exécuter des choses

35 difficiles, et ce qui n'est que difficile ne plaît point à la longue.

« J'aimerais peut-être mieux l'opéra, si on n'avait pas trouvé le secret d'en faire un monstre qui me révolte. Ira voir qui voudra de mauvaises tragédies en musique, où les scènes ne sont faites que pour amener très mal à propos deux ou trois chansons ridi-

40 cules qui font valoir le gosier d'une actrice ; se pâmera de plaisir qui voudra ou qui pourra en voyant un châtré[4] fredonner le rôle

notes ..

1. sonnets : poèmes de 14 vers ; ici, il s'agit de sonnets galants.

2. Raphaël : peintre italien (1483-1520).

3. rembrunie : sombre.

4. châtré : castrat (péjoratif).

de César et de Caton[1], et se promener d'un air gauche sur des planches ; pour moi, il y a longtemps que j'ai renoncé à ces pauvretés, qui font aujourd'hui la gloire de l'Italie, et que des souverains payent si chèrement. » Candide disputa[2] un peu, mais avec discrétion. Martin fut entièrement de l'avis du sénateur.

On se mit à table ; et, après un excellent dîner, on entra dans la bibliothèque. Candide, en voyant un Homère[3] magnifiquement relié, loua l'illustrissime sur son bon goût. « Voilà, dit-il, un livre qui faisait les délices du grand Pangloss, le meilleur philosophe de l'Allemagne. – Il ne fait pas les miennes, dit froidement Pococuranté ; on me fit accroire[4] autrefois que j'avais du plaisir en le lisant ; mais cette répétition continuelle de combats qui se ressemblent tous, ces dieux qui agissent toujours pour ne rien faire de décisif, cette Hélène qui est le sujet de la guerre, et qui à peine est une actrice de la pièce[5] ; cette Troie qu'on assiège, et qu'on ne prend point : tout cela me causait le plus mortel ennui. J'ai demandé quelquefois à des savants s'ils s'ennuyaient autant que moi à cette lecture : tous les gens sincères m'ont avoué que le livre leur tombait des mains, mais qu'il fallait toujours l'avoir dans sa bibliothèque, comme un monument de l'antiquité, et comme mes médailles rouillées qui ne peuvent être de commerce.

– Votre Excellence ne pense pas ainsi de Virgile[6] ? dit Candide.
– Je conviens, dit Pococuranté, que le second, le quatrième et le sixième livre de son *Énéide* sont excellents ; mais pour son pieux Énée, et le fort Cloanthe, et l'ami Achates, et le petit Ascanius, et l'imbécile roi Latinus, et la bourgeoise Amata, et l'insipide Lavinia,

notes ..

1. de César et de Caton : deux rôles de personnages virils.

2. disputa : discuta en argumentant.

3. Homère : poète grec (environ 850 av. J.-C.), auteur de l'*Iliade* et de l'*Odyssée*.

4. me fit accroire : abusa de ma crédulité.

5. actrice de la pièce : l'enlèvement d'Hélène est la cause de la guerre de Troie ; elle figure très peu dans l'*Iliade*.

6. Virgile : poète latin (70-19 av. J.-C.), auteur notamment de l'*Énéide*.

je ne crois pas qu'il y ait rien de si froid et de plus désagréable.
J'aime mieux le Tasse[1] et les contes à dormir debout de l'Arioste[2].

70 – Oserais-je vous demander, monsieur, dit Candide, si vous
n'avez pas un grand plaisir à lire Horace[3] ? – Il y a des maximes,
dit Pococuranté, dont un homme du monde peut faire son pro-
fit, et qui, étant resserrées dans des vers énergiques, se gravent plus
aisément dans la mémoire ; mais je me soucie fort peu de son

75 voyage à Brindes et de sa description d'un mauvais dîner, et de la
querelle de crocheteurs entre je ne sais quel Pupilus dont les
paroles, dit-il, *étaient pleines de pus*, et un autre dont les paroles
étaient du vinaigre. Je n'ai lu qu'avec un extrême dégoût ses vers
grossiers contre des vieilles et contre des sorcières[4] ; et je ne vois

80 pas quel mérite il peut y avoir à dire à son ami Mécénas[5], que, s'il
est mis par lui au rang des poètes lyriques, il frappera les astres de
son front sublime. Les sots admirent tout dans un auteur estimé.
Je ne lis que pour moi ; je n'aime que ce qui est à mon usage. »
Candide, qui avait été élevé à ne jamais juger de rien par lui-

85 même, était fort étonné de ce qu'il entendait ; et Martin trouvait
la façon de penser de Pococuranté assez raisonnable.

 « Oh ! voici un Cicéron[6], dit Candide ; pour ce grand homme-
là, je pense que vous ne vous lassez point de le lire ? – Je ne le lis
jamais, répondit le Vénitien. Que m'importe qu'il ait plaidé pour

90 Rabirius ou pour Cluentius[7] ? J'ai bien assez des procès que je
juge ; je me serais mieux accommodé de ses œuvres philoso-
phiques ; mais quand j'ai vu qu'il doutait de tout, j'ai conclu que
j'en savais autant que lui, et que je n'avais besoin de personne
pour être ignorant.

notes

1. le Tasse : poète italien
(1544-1595).
2. l'Arioste : poète italien
(1474-1533), auteur du
Roland furieux.
3. Horace : poète latin (65-
8 av. J.-C.).

4. sorcières : critique des
Satires et des *Épodes* d'Horace.
5. Mécénas : Mécène, ami
d'Horace, célèbre pour sa
générosité envers les artistes.
6. Cicéron : orateur latin
(106-43 av. J.-C.).

7. Rabirius [...] Cluentius :
allusion à deux ouvrages
secondaires de Cicéron.

95 — Ah ! voilà quatre-vingts volumes de recueils d'une académie des sciences[1], s'écria Martin ; il se peut qu'il y ait là du bon. – Il y en aurait, dit Pococuranté, si un seul des auteurs de ces fatras[2] avait inventé seulement l'art de faire des épingles ; mais il n'y a dans tous ces livres que de vains systèmes, et pas une seule chose
100 utile.

— Que de pièces de théâtre je vois là, dit Candide, en italien, en espagnol, en français ! – Oui, dit le sénateur, il y en a trois mille, et pas trois douzaines de bonnes. Pour ces recueils de sermons, qui tous ensemble ne valent pas une page de Sénèque[3], et tous ces
105 gros volumes de théologie[4], vous pensez bien que je ne les ouvre jamais, ni moi, ni personne. »

Martin aperçut des rayons chargés de livres anglais. « Je crois, dit-il, qu'un républicain doit se plaire à la plupart de ces ouvrages écrits si librement. – Oui, répondit Pococuranté ; il est beau
110 d'écrire ce qu'on pense : c'est le privilège de l'homme. Dans toute notre Italie, on n'écrit que ce qu'on ne pense pas ; ceux qui habitent la patrie des Césars et des Antonins[5] n'osent avoir une idée sans la permission d'un jacobin[6]. Je serais content de la liberté qui inspire les génies anglais si la passion et l'esprit de
115 parti ne corrompaient pas tout ce que cette précieuse liberté a d'estimable. »

Candide, apercevant un Milton[7], lui demanda s'il ne regardait pas cet auteur comme un grand homme. « Qui ? dit Pococuranté, ce barbare qui fait un long commentaire du premier chapitre de
120 la *Genèse* en dix livres de vers durs, ce grossier imitateur des

Grecs, qui défigure la création, et qui, tandis que Moïse représente l'Être éternel produisant le monde par la parole, fait prendre un grand compas par le Messiah[1] dans une armoire du ciel pour tracer son ouvrage ? Moi, j'estimerais celui qui a gâté l'enfer et le
125 diable du Tasse ; qui déguise Lucifer tantôt en crapaud, tantôt en pygmée ; qui lui fait rebattre cent fois les mêmes discours ; qui le fait disputer sur la théologie ; qui, en imitant sérieusement l'invention comique des armes à feu de l'Arioste, fait tirer le canon dans le ciel par les diables ? Ni moi, ni personne en Italie n'a pu
130 se plaire à toutes ces tristes extravagances. Le mariage du péché et de la mort, et les couleuvres dont le péché accouche, font vomir tout homme qui a le goût un peu délicat ; et sa longue description d'un hôpital n'est bonne que pour un fossoyeur. Ce poème obscur, bizarre et dégoûtant, fut méprisé à sa naissance ; je le traite
135 aujourd'hui comme il fut traité dans sa patrie par les contemporains. Au reste, je dis ce que je pense, et je me soucie fort peu que les autres pensent comme moi. » Candide était affligé de ces discours ; il respectait Homère, il aimait un peu Milton. « Hélas ! dit-il tout bas à Martin, j'ai bien peur que cet homme-ci n'ait un
140 souverain mépris pour nos poètes allemands. – Il n'y aurait pas grand mal à cela, dit Martin. – Oh ! quel homme supérieur ! disait encore Candide entre ses dents, quel grand génie que ce Pococuranté ! rien ne peut lui plaire. »

Après avoir fait ainsi la revue de tous les livres, ils descendirent
145 dans le jardin. Candide en loua toutes les beautés. « Je ne sais rien de si mauvais goût, dit le maître : nous n'avons ici que des colifichets[2], mais je vais dès demain en faire planter un d'un dessin plus noble. »

Quand les deux curieux eurent pris congé de Son Excellence :
150 « Or çà, dit Candide à Martin, vous conviendrez que voilà le plus
heureux de tous les hommes, car il est au-dessus de tout ce qu'il
possède. – Ne voyez-vous pas, dit Martin, qu'il est dégoûté de
tout ce qu'il possède ? Platon a dit, il y a longtemps, que les
meilleurs estomacs ne sont pas ceux qui rebutent[1] tous les ali-
155 ments. – Mais, dit Candide, n'y a-t-il pas du plaisir à tout criti-
quer, à sentir des défauts où les autres hommes croient voir des
beautés ? – C'est-à-dire, reprit Martin, qu'il y a du plaisir à n'avoir
pas de plaisir ? – Oh bien ! dit Candide, il n'y a donc d'heureux
que moi, quand je reverrai mademoiselle Cunégonde. – C'est
160 toujours bien fait d'espérer », dit Martin.

Cependant les jours, les semaines s'écoulaient ; Cacambo ne
revenait point, et Candide était si abîmé[2] dans sa douleur qu'il ne
fit pas même réflexion que Paquette et frère Giroflée n'étaient pas
venus seulement le remercier.

notes

1. rebutent : refusent.
2. abîmé : plongé.

Chapitre vingt-sixième

D'un souper que Candide et Martin firent avec six étrangers, et qui ils étaient

Un soir que Candide, suivi de Martin, allait se mettre à table avec les étrangers qui logeaient dans la même hôtellerie, un homme à visage couleur de suie l'aborda par-derrière, et, le prenant par le bras, lui dit : « Soyez prêt à partir avec nous, n'y manquez pas. » Il
5 se retourne, et voit Cacambo. Il n'y avait que la vue de Cunégonde qui pût l'étonner et lui plaire davantage. Il fut sur le point de devenir fou de joie. Il embrasse son cher ami. « Cunégonde est ici, sans doute ? Où est-elle ? Mène-moi vers elle, que je meure de joie avec elle. – Cunégonde n'est point
10 ici, dit Cacambo, elle est à Constantinople[1]. – Ah Ciel ! à Constantinople ! mais fût-elle à la Chine[2], j'y vole, partons. – Nous partirons après souper, reprit Cacambo ; je ne peux vous

notes

1. Constantinople : ancien nom d'Istanbul.

2. à la Chine : en Chine.

en dire davantage ; je suis esclave, mon maître m'attend ; il faut que j'aille le servir à table : ne dites mot ; soupez, et tenez-vous
15 prêt. »

Candide, partagé entre la joie et la douleur, charmé d'avoir revu son agent fidèle, étonné de le voir esclave, plein de l'idée de retrouver sa maîtresse, le cœur agité, l'esprit bouleversé, se mit à table avec Martin, qui voyait de sang-froid toutes ces aventures, et
20 avec six étrangers qui étaient venus passer le carnaval à Venise.

Cacambo, qui versait à boire à l'un de ces étrangers, s'approcha de l'oreille de son maître, sur la fin du repas, et lui dit : « Sire, Votre Majesté partira quand elle voudra, le vaisseau est prêt. » Ayant dit ces mots, il sortit. Les convives, étonnés, se regardaient sans pro-
25 férer une seule parole, lorsqu'un autre domestique, s'approchant de son maître, lui dit : « Sire, la chaise[1] de Votre Majesté est à Padoue, et la barque est prête[2]. » Le maître fit un signe et le domestique partit. Tous les convives se regardèrent encore, et la surprise commune redoubla. Un troisième valet, s'approchant
30 aussi d'un troisième étranger, lui dit : « Sire, croyez-moi, Votre Majesté ne doit pas rester ici plus longtemps : je vais tout préparer » ; et aussitôt il disparut.

Candide et Martin ne doutèrent pas alors que ce ne fût une mascarade du carnaval. Un quatrième domestique dit au qua-
35 trième maître : « Votre Majesté partira quand elle voudra », et sortit comme les autres. Le cinquième valet en dit autant au cinquième maître. Mais le sixième valet parla différemment au sixième étranger, qui était auprès de Candide ; il lui dit : « Ma foi, sire, on ne veut plus faire crédit à Votre Majesté ni à moi non plus, et nous
40 pourrions bien être coffrés[3] cette nuit, vous et moi ; je vais pourvoir à mes affaires, adieu. »

notes ...

| **1. la chaise :** le carrosse. | **2. la barque est prête :** pour remonter la Brenta jusqu'à Padoue. | **3. coffrés :** arrêtés et mis en prison. |

Candide retrouve Cacambo lors du souper avec les six étrangers, dessin d'Adrien Moreau (1843-1906).

Tous les domestiques ayant disparu, les six étrangers, Candide et Martin, demeurèrent dans un profond silence. Enfin Candide le rompit : « Messieurs, dit-il, voilà une singulière plaisanterie.
45 Pourquoi êtes-vous tous rois ? Pour moi, je vous avoue que ni moi ni Martin nous ne le sommes. »

Le maître de Cacambo prit alors gravement la parole, et dit en italien : « Je ne suis point plaisant[1], je m'appelle Achmet III[2] ; j'ai été grand sultan plusieurs années ; je détrônai mon frère ; mon
50 neveu m'a détrôné ; on a coupé le cou à mes vizirs[3] ; j'achève ma vie dans le vieux sérail[4] ; mon neveu le grand sultan Mahmoud me permet de voyager quelquefois pour ma santé ; et je suis venu passer le carnaval à Venise. »

Un jeune homme qui était auprès d'Achmet parla après lui, et
55 dit : « Je m'appelle Ivan[5] ; j'ai été empereur de toutes les Russies ; j'ai été détrôné au berceau ; mon père et ma mère ont été enfermés ; on m'a élevé en prison ; j'ai quelquefois la permission de voyager, accompagné de ceux qui me gardent ; et je suis venu passer le carnaval à Venise. »

60 Le troisième dit : « Je suis Charles-Édouard[6], roi d'Angleterre ; mon père m'a cédé ses droits au royaume ; j'ai combattu pour les soutenir ; on a arraché le cœur à huit cents de mes partisans, et on leur en a battu les joues ; j'ai été mis en prison ; je vais à Rome faire une visite au roi mon père, détrôné ainsi que moi et mon
65 grand-père ; et je suis venu passer le carnaval à Venise. »

Le quatrième prit alors la parole et dit : « Je suis roi des Polaques[7], le sort de la guerre m'a privé de mes États héréditaires ; mon père a éprouvé les mêmes revers ; je me résigne à[8] la Providence comme le sultan Achmet, l'empereur Ivan, et le roi

notes

1. plaisant : homme à faire des plaisanteries.
2. Achmet III : sultan de 1703 à 1730.
3. vizirs : ministres.

4. sérail : palais du sultan.
5. Ivan : Ivan VI, proclamé tsar en 1740, à sa naissance.
6. Charles-Édouard : prétendant au trône d'Angleterre.

7. roi des Polaques : Auguste III, roi des Polonais de 1733 à 1763.
8. je me résigne à : je m'en remets à.

70 Charles-Édouard, à qui Dieu donne une longue vie ; et je suis venu passer le carnaval à Venise. »

Le cinquième dit : « Je suis aussi roi des Polaques[1] ; j'ai perdu mon royaume deux fois ; mais la Providence m'a donné un autre État dans lequel j'ai fait plus de bien que tous les rois des
75 Sarmates[2] ensemble n'en ont jamais pu faire sur les bords de la Vistule[3]. Je me résigne aussi à la Providence ; et je suis venu passer le carnaval à Venise. »

Il restait au sixième monarque à parler. « Messieurs, dit-il, je ne suis pas si grand seigneur que vous ; mais enfin j'ai été roi tout
80 comme un autre ; je suis Théodore[4], on m'a élu roi en Corse ; on m'a appelé *Votre Majesté,* et à présent à peine m'appelle-t-on *Monsieur* ; j'ai fait frapper de la monnaie, et je ne possède pas un denier ; j'ai eu deux secrétaires d'État, et j'ai à peine un valet ; je me suis vu sur un trône, et j'ai longtemps été à Londres, en pri-
85 son sur la paille ; j'ai bien peur d'être traité de même ici, quoique je sois venu, comme Vos Majestés, passer le carnaval à Venise. »

Les cinq autres rois écoutèrent ce discours avec une noble compassion. Chacun d'eux donna vingt sequins[5] au roi Théodore pour avoir des habits et des chemises ; Candide lui fit présent d'un
90 diamant de deux mille sequins. « Quel est donc, disaient les cinq rois, ce simple particulier qui est en état de donner cent fois autant que chacun de nous, et qui le donne ? »

Dans l'instant qu'on sortait de table, il arriva dans la même hôtellerie quatre altesses sérénissimes qui avaient aussi perdu leurs
95 États par le sort de la guerre, et qui venaient passer le reste du carnaval à Venise. Mais Candide ne prit pas seulement garde à ces nouveaux venus. Il n'était occupé que d'aller trouver sa chère Cunégonde à Constantinople.

notes ..

1. aussi roi des Polaques : Stanislas I[er], chassé en 1709 et en 1736 ; sa fille épousa Louis XV en 1725.

2. Sarmates : Polonais.

3. Vistule : fleuve qui traverse Varsovie (capitale de la Pologne).

4. Théodore : baron de Neuhoff, roi de Corse en 1736.

5. sequins : monnaie en cours à Venise.

Chapitre vingt-septième

Voyage de Candide à Constantinople[1]

Le fidèle Cacambo avait déjà obtenu du patron turc qui allait reconduire le sultan Achmet à Constantinople qu'il recevrait Candide et Martin sur son bord. L'un et l'autre s'y rendirent après s'être prosternés devant Sa misérable Hautesse. Candide, chemin

5 faisant, disait à Martin : «Voilà pourtant six rois détrônés avec qui nous avons soupé ! et encore dans ces six rois il y en a un à qui j'ai fait l'aumône. Peut-être y a-t-il beaucoup d'autres princes plus infortunés. Pour moi, je n'ai perdu que cent moutons, et je vole dans les bras de Cunégonde. Mon cher Martin, encore une

10 fois, Pangloss avait raison, tout est bien. – Je le souhaite, dit Martin. – Mais, dit Candide, voilà une aventure bien peu vraisemblable que nous avons eue à Venise. On n'avait jamais vu ni ouï[2] conter que six rois détrônés soupassent[3] ensemble au cabaret.

notes

1. **Constantinople :** Byzance, actuelle Istanbul.

2. **ouï :** entendu (participe passé de l'ancien verbe *ouïr*).

3. **soupassent :** prennent le souper (verbe à l'imparfait du subjonctif).

15 — Cela n'est pas plus extraordinaire, dit Martin, que la plupart des choses qui nous sont arrivées. Il est très commun que des rois soient détrônés ; et à l'égard de l'honneur que nous avons eu de souper avec eux, c'est une bagatelle[1] qui ne mérite pas notre attention. » À peine Candide fut-il dans le vaisseau qu'il sauta au cou de son ancien valet, de son ami Cacambo. « Eh bien ! lui dit-
20 il, que fait Cunégonde ? Est-elle toujours un prodige de beauté ? M'aime-t-elle toujours ? Comment se porte-t-elle ? Tu lui as sans doute acheté un palais à Constantinople ?

— Mon cher maître, répondit Cacambo. Cunégonde lave les écuelles sur le bord de la Propontide[2], chez un prince qui a très
25 peu d'écuelles ; elle est esclave dans la maison d'un ancien souve-rain, nommé Ragotski[3], à qui le Grand Turc donne trois écus par jour dans son asile[4] ; mais, ce qui est bien plus triste, c'est qu'elle a perdu sa beauté, et qu'elle est devenue horriblement laide.

— Ah ! belle ou laide, dit Candide, je suis honnête homme, et mon
30 devoir est de l'aimer toujours. Mais comment peut-elle être réduite à un état si abject avec les cinq ou six millions que tu avais apportés ? — Bon, dit Cacambo, ne m'en a-t-il pas fallu donner deux millions au señor don Fernando d'Ibaraa, y Figueora, y Mascarenes, y Lampourdos, y Souza, gouverneur de Buenos-
35 Ayres, pour avoir la permission de reprendre mademoiselle Cunégonde ? Et un pirate ne nous a-t-il pas bravement dépouillés de tout le reste ? Ce pirate ne nous a-t-il pas menés au cap de Matapan, à Milo, à Nicarie, à Samos, à Petra, aux Dardanelles, à Marmora, à Scutari[5] ? Cunégonde et la vieille ser-
40 vent chez ce prince dont je vous ai parlé, et moi, je suis esclave

notes

1. bagatelle : chose sans importance.
2. Propontide : mer de Marmara, du Bosphore aux Dardanelles.

3. Ragotski : prince de Transylvanie réfugié en Turquie en 1719.
4. asile : refuge.

5. Matapan, [...] Scutari : villes de Méditerranée orientale, du Péloponnèse à Constantinople.

du sultan détrôné. – Que d'épouvantables calamités[1] enchaînées les unes aux autres ! dit Candide. Mais, après tout, j'ai encore quelques diamants ; je délivrerai aisément Cunégonde. C'est bien dommage qu'elle soit devenue si laide. »

45 Ensuite, se tournant vers Martin : « Que pensez-vous, dit-il, qui soit le plus à plaindre, de l'empereur Achmet, de l'empereur Ivan, du roi Charles-Édouard, ou de moi ? – Je n'en sais rien, dit Martin ; il faudrait que je fusse dans vos cœurs pour le savoir. – Ah ! dit Candide, si Pangloss était ici, il le saurait, et nous l'ap-

50 prendrait. – Je ne sais, dit Martin, avec quelles balances votre Pangloss aurait pu peser les infortunes des hommes, et apprécier leurs douleurs. Tout ce que je présume, c'est qu'il y a des millions d'hommes sur la terre cent fois plus à plaindre que le roi Charles-Édouard, l'empereur Ivan, et le sultan Achmet. – Cela pourrait

55 bien être », dit Candide.

On arriva en peu de jours sur le canal de la mer Noire. Candide commença par racheter Cacambo fort cher ; et, sans perdre de temps, il se jeta dans une galère[2], avec ses compagnons, pour aller sur le rivage de la Propontide chercher Cunégonde, quelque laide

60 qu'elle pût être.

Il y avait dans la chiourme[3] deux forçats qui ramaient fort mal, et à qui le levanti patron[4] appliquait de temps en temps quelques coups de nerf de bœuf sur les épaules nues ; Candide, par un mouvement naturel, les regarda plus attentivement que les autres

65 galériens, et s'approcha d'eux avec pitié. Quelques traits de leurs visages défigurés lui parurent avoir un peu de ressemblance avec Pangloss et avec ce malheureux jésuite[5], ce baron, ce frère de

notes

1. **calamités** : grands malheurs collectifs.
2. **galère** : navire militaire à voiles et à rames.
3. **chiourme** : troupe de galériens.
4. **levanti patron** : commandant des *levantis*, soldats des galères turques.
5. **jésuite** : religieux de la Compagnie de Jésus.

mademoiselle Cunégonde. Cette idée l'émut et l'attrista. Il les considéra encore plus attentivement. « En vérité, dit-il à Cacambo, si je n'avais pas vu pendre maître Pangloss, et si je n'avais pas eu le malheur de tuer le baron, je croirais que ce sont eux qui rament dans cette galère ».

Au nom du baron et de Pangloss, les deux forçats poussèrent un grand cri, s'arrêtèrent sur leur banc, et laissèrent tomber leurs rames. Le levanti patron accourait sur eux, et les coups de nerf de bœuf redoublaient. « Arrêtez ! arrêtez ! seigneur, s'écria Candide ; je vous donnerai tant d'argent que vous voudrez. – Quoi ! c'est Candide ! disait l'un des forçats. – Quoi ! c'est Candide ! disait l'autre. – Est-ce un songe ? dit Candide ; veillé-je ? suis-je dans cette galère ? Est-ce là monsieur le baron, que j'ai tué ? Est-ce maître Pangloss, que j'ai vu pendre ? – C'est nous-mêmes, c'est nous-mêmes, répondaient-ils. – Quoi ! c'est là ce grand philosophe ? disait Martin. – Eh ! monsieur le levanti patron, dit Candide, combien voulez-vous d'argent pour la rançon de monsieur de Thunder-ten-tronckh, un des premiers barons de l'empire, et de monsieur Pangloss, le plus profond métaphysicien d'Allemagne ? – Chien de chrétien, répondit le levanti patron, puisque ces deux chiens de forçats chrétiens sont des barons et des métaphysiciens, ce qui est sans doute une grande dignité dans leur pays, tu m'en donneras cinquante mille sequins. – Vous les aurez, monsieur ; ramenez-moi comme un éclair à Constantinople, et vous serez payé sur-le-champ. Mais non, menez-moi chez mademoiselle Cunégonde. » Le levanti patron, sur la première offre de Candide, avait déjà tourné la proue vers la ville, et il faisait ramer plus vite qu'un oiseau ne fend les airs.

Candide embrassa cent fois le baron et Pangloss. « Et comment ne vous ai-je pas tué, mon cher baron ? et mon cher Pangloss, comment êtes-vous en vie après avoir été pendu ? et pourquoi êtes-vous tous deux aux galères en Turquie ? – Est-il bien vrai que ma chère sœur soit dans ce pays ? disait le baron. – Oui, répondait Cacambo. – Je revois donc mon cher Candide »,

s'écriait Pangloss. Candide leur présentait Martin et Cacambo. Ils s'embrassaient tous ; ils parlaient tous à la fois. La galère volait, ils étaient déjà dans le port. On fit venir un juif, à qui Candide ven-
105 dit pour cinquante mille sequins un diamant de la valeur de cent mille, et qui lui jura par Abraham qu'il ne pouvait donner davantage. Il paya incontinent[1] la rançon du baron et de Pangloss. Celui-ci se jeta aux pieds de son libérateur, et les baigna de larmes ; l'autre le remercia par un signe de tête, et lui promit de
110 lui rendre cet argent à la première occasion. « Mais est-il bien possible que ma sœur soit en Turquie ? disait-il. – Rien n'est si possible, reprit Cacambo, puisqu'elle écure[2] la vaisselle chez un prince de Transylvanie. » On fit aussitôt venir deux juifs : Candide vendit encore des diamants ; et ils repartirent tous dans une autre
115 galère pour aller délivrer Cunégonde.

Constantinople (actuelle Istanbul).

notes

| **1. incontinent :** immédiatement. | **2. écure :** nettoie. |

206

Chapitre vingt-huitième

Ce qui arriva à Candide, à Cunégonde, à Pangloss, à Martin, etc.

« Pardon, encore une fois, dit Candide au baron ; pardon, mon révérend père, de vous avoir donné un grand coup d'épée au travers du corps. – N'en parlons plus, dit le baron ; je fus un peu trop vif, je l'avoue ; mais puisque vous voulez savoir par quel hasard
5 vous m'avez vu aux galères, je vous dirai qu'après avoir été guéri de ma blessure par le frère apothicaire du collège[1], je fus attaqué et enlevé par un parti[2] espagnol ; on me mit en prison à Buenos-Ayres dans le temps que ma sœur venait d'en partir. Je demandai à retourner à Rome auprès du père général[3]. Je fus nommé pour
10 aller servir d'aumônier[4] à Constantinople[5] auprès de monsieur

notes ..

1. **collège** : communauté.
2. **parti** : groupe de soldats.
3. **père général** : expression employée pour désigner le supérieur de l'ordre des Jésuites.

4. **aumônier** : prêtre attaché à la cour d'un prince ou d'un roi.
5. **Constantinople** : Byzance, actuelle Istanbul.

l'ambassadeur de France. Il n'y avait pas huit jours que j'étais entré en fonction, quand je trouvai sur le soir un jeune icoglan[1] très bien fait. Il faisait fort chaud : le jeune homme voulut se baigner ; je pris cette occasion de me baigner aussi. Je ne savais pas que ce fût un crime capital pour un chrétien d'être trouvé tout nu avec un jeune musulman. Un cadi[2] me fit donner cent coups de bâton sous la plante des pieds, et me condamna aux galères[3]. Je ne crois pas qu'on ait fait une plus horrible injustice. Mais je voudrais bien savoir pourquoi ma sœur est dans la cuisine d'un souverain de Transylvanie réfugié chez les Turcs.

— Mais vous, mon cher Pangloss, dit Candide, comment se peut-il que je vous revoie ? — Il est vrai, dit Pangloss, que vous m'avez vu pendre ; je devais naturellement être brûlé : mais vous vous souvenez qu'il plut à verse lorsqu'on allait me cuire : l'orage fut si violent qu'on désespéra d'allumer le feu ; je fus pendu, parce qu'on ne put mieux faire : un chirurgien acheta mon corps, m'emporta chez lui, et me disséqua. Il me fit d'abord une incision cruciale[4] depuis le nombril jusqu'à la clavicule. On ne pouvait pas avoir été plus mal pendu que je l'avais été. L'exécuteur des hautes œuvres[5] de la Sainte Inquisition[6], lequel était sous-diacre[7], brûlait à la vérité les gens à merveille, mais il n'était pas accoutumé à pendre : la corde était mouillée et glissa mal, elle fut nouée ; enfin je respirais encore : l'incision cruciale me fit jeter un si grand cri que mon chirurgien tomba à la renverse ; et, croyant qu'il disséquait le diable, il s'enfuit en mourant de peur, et tomba encore sur l'escalier en fuyant. Sa femme accourut au

notes

1. **icoglan** : officier du palais du sultan.
2. **cadi** : juge.
3. **galères** : navires militaires à voiles et à rames.
4. **cruciale** : en forme de croix.

5. **exécuteur des hautes œuvres** : bourreau.
6. **Sainte Inquisition** : tribunal ecclésiastique chargé de poursuivre les hérétiques.

7. **sous-diacre** : grade religieux en dessous de la prêtrise et du diaconat.

bruit, d'un cabinet voisin : elle me vit sur la table étendu avec mon incision cruciale ; elle eut encore plus de peur que son mari, s'enfuit, et tomba sur lui. Quand ils furent un peu revenus à eux,
40 j'entendis la chirurgienne qui disait au chirurgien : "Mon bon, de quoi vous avisez-vous de disséquer un hérétique[1] ? Ne savez-vous pas que le diable est toujours dans le corps de ces gens-là ? Je vais vite chercher un prêtre pour l'exorciser." Je frémis à ce propos, et je ramassai le peu de forces qui me restaient pour crier : "Ayez
45 pitié de moi !" Enfin le barbier[2] portugais s'enhardit : il recousit ma peau ; sa femme même eut soin de moi ; je fus sur pied au bout de quinze jours. Le barbier me trouva une condition, et me fit laquais d'un chevalier de Malte qui allait à Venise ; mais mon maître n'ayant pas de quoi me payer, je me mis au service d'un
50 marchand vénitien, et je le suivis à Constantinople.

« Un jour il me prit fantaisie d'entrer dans une mosquée ; il n'y avait qu'un vieux iman[3] et une jeune dévote[4] très jolie qui disait ses patenôtres[5] ; sa gorge était toute découverte : elle avait entre ses deux tétons un beau bouquet de tulipes, de roses, d'anémones,
55 de renoncules, d'hyacinthes, et d'oreilles d'ours ; elle laissa tomber son bouquet ; je le ramassai et je le lui remis avec un empressement très respectueux. Je fus si longtemps à le lui remettre que l'iman se mit en colère, et, voyant que j'étais chrétien, il cria à l'aide. On me mena chez le cadi, qui me fit donner cent coups de
60 latte sur la plante des pieds, et m'envoya aux galères. Je fus enchaîné précisément dans la même galère et au même banc que monsieur le baron. Il y avait dans cette galère quatre jeunes gens de Marseille, cinq prêtres napolitains, et deux moines de Corfou, qui nous dirent que de pareilles aventures arrivaient tous les jours.

notes ..

1. hérétique : qui s'oppose à la doctrine de l'Église.
2. barbier : chirurgien (les barbiers pratiquaient de petites interventions).
3. iman : imam.
4. dévote : personne attachée à la religion et à ses pratiques.
5. patenôtres : prières.

65 Monsieur le baron prétendait qu'il avait essuyé une plus grande injustice que moi ; je prétendais, moi, qu'il était beaucoup plus permis de remettre un bouquet sur la gorge d'une femme que d'être tout nu avec un icoglan. Nous disputions[1] sans cesse, et nous recevions vingt coups de nerf de bœuf par jour, lorsque
70 l'enchaînement des événements de cet univers vous a conduit dans notre galère, et que vous nous avez rachetés.

— Eh bien ! mon cher Pangloss, lui dit Candide, quand vous avez été pendu, disséqué, roué de coups, et que vous avez ramé aux galères, avez-vous toujours pensé que tout allait le mieux du
75 monde ? — Je suis toujours de mon premier sentiment, répondit Pangloss ; car enfin je suis philosophe : il ne me convient pas de me dédire, Leibniz ne pouvant pas avoir tort, et l'harmonie pré-établie[2] étant d'ailleurs la plus belle chose du monde, aussi bien que le plein et la matière subtile[3]. »

notes

1. **disputions :** discutions en avançant des arguments contradictoires.

2. **harmonie préétablie :** harmonie entre l'homme et le monde, selon la théorie de Leibniz.

3. **le plein et la matière subtile :** selon Descartes, le vide n'existe pas ; Leibniz reprend cette théorie.

chapitre vingt-neuvième

Comment Candide retrouva Cunégonde et la vieille

Pendant que Candide, le baron, Pangloss, Martin, et Cacambo, contaient leurs aventures, qu'ils raisonnaient sur les événements contingents[1] ou non contingents[2] de cet univers, qu'ils disputaient sur les effets et les causes[3], sur le mal moral et sur le mal
5 physique, sur la liberté et la nécessité[4], sur les consolations que l'on peut éprouver lorsqu'on est aux galères[5] en Turquie, ils abordèrent sur le rivage de la Propontide[6], à la maison du prince de Transylvanie. Les premiers objets qui se présentèrent furent Cunégonde et la vieille, qui étendaient des serviettes sur des
10 ficelles pour les faire sécher.

notes

1. contingents : qui peuvent ne pas se produire.
2. non contingents : qui se produisent nécessairement.

3. les effets et les causes : allusion aux *Essais de théodicée* de Leibniz.
4. nécessité : ce qui arrive nécessairement.

5. galères : navires militaires à voiles et à rames.
6. Propontide : mer de Marmara.

Le baron pâlit à cette vue. Le tendre amant Candide, en voyant sa belle Cunégonde rembrunie[1], les yeux éraillés[2], la gorge sèche, les joues ridées, les bras rouges et écaillés, recula trois pas, saisi d'horreur, et avança ensuite par bon procédé[3]. Elle embrassa Candide et son frère ; on embrassa la vieille : Candide les racheta toutes deux.

Il y avait une petite métairie[4] dans le voisinage ; la vieille proposa à Candide de s'en accommoder, en attendant que toute la troupe eût une meilleure destinée. Cunégonde ne savait pas qu'elle était enlaidie ; personne ne l'en avait avertie : elle fit souvenir Candide de ses promesses avec un ton si absolu que le bon Candide n'osa pas la refuser. Il signifia[5] donc au baron qu'il allait se marier avec sa sœur. « Je ne souffrirai[6] jamais, dit le baron, une telle bassesse de sa part, et une telle insolence de la vôtre ; cette infamie ne me sera jamais reprochée : les enfants de ma sœur ne pourraient entrer dans les chapitres[7] d'Allemagne. Non, jamais ma sœur n'épousera qu'un baron de l'Empire[8]. » Cunégonde se jeta à ses pieds, et les baigna de larmes ; il fut inflexible. « Maître fou, lui dit Candide, je t'ai réchappé des galères, j'ai payé ta rançon, j'ai payé celle de ta sœur ; elle lavait ici des écuelles, elle est laide, j'ai la bonté d'en faire ma femme ; et tu prétends encore t'y opposer ! Je te retuerais si j'en croyais ma colère. – Tu peux me tuer encore, dit le baron, mais tu n'épouseras pas ma sœur de mon vivant. »

notes

1. **rembrunie** : noircie (la couleur idéale étant le blanc).
2. **éraillés** : écorchés.
3. **par bon procédé** : selon les convenances.
4. **métairie** : domaine agricole.
5. **signifia** : fit comprendre clairement.
6. **souffrirai** : tolérerai.
7. **chapitres** : assemblées de religieux ; certains exigeaient des titres de noblesse.
8. **Empire** : Saint Empire romain germanique.

Chapitre trentième

Conclusion

Candide, dans le fond de son cœur, n'avait aucune envie d'épouser Cunégonde ; mais l'impertinence[1] extrême du baron le déterminait à conclure le mariage, et Cunégonde le pressait si vivement qu'il ne pouvait s'en dédire. Il consulta Pangloss,
5 Martin, et le fidèle Cacambo. Pangloss fit un beau mémoire par lequel il prouvait que le baron n'avait nul droit sur sa sœur, et qu'elle pouvait, selon toutes les lois de l'Empire[2], épouser Candide de la main gauche[3]. Martin conclut à jeter le baron dans la mer ; Cacambo décida[4] qu'il fallait le rendre au levanti patron[5],
10 et le remettre aux galères[6], après quoi on l'enverrait à Rome au

notes

1. **impertinence** : prétention.
2. **Empire** : Saint Empire romain germanique.
3. **de la main gauche** : en Allemagne, se marier de la main gauche permettait

de ne pas transmettre ses titres et ses biens.
4. **décida** : résolut le problème posé.
5. **levanti patron** : commandant des *levantis*, soldats des galères turques.

6. **galères** : navires militaires à voiles et à rames.

père général[1] par le premier vaisseau. L'avis fut trouvé fort bon ; la
vieille l'approuva ; on n'en dit rien à sa sœur ; la chose fut exécutée
pour quelque argent, et on eut le plaisir d'attraper un jésuite[2], et
de punir l'orgueil d'un baron allemand.

15 Il était tout naturel d'imaginer qu'après tant de désastres,
Candide, marié avec sa maîtresse et vivant avec le philosophe
Pangloss, le philosophe Martin, le prudent Cacambo, et la vieille,
ayant d'ailleurs rapporté tant de diamants de la patrie des anciens
Incas, mènerait la vie du monde la plus agréable ; mais il fut tant
20 friponné[3] par les juifs qu'il ne lui resta plus rien que sa petite
métairie[4] ; sa femme, devenant tous les jours plus laide, devint aca-
riâtre[5] et insupportable ; la vieille était infirme, et fut encore de
plus mauvaise humeur que Cunégonde. Cacambo, qui travaillait
au jardin, et qui allait vendre des légumes à Constantinople[6], était
25 excédé de travail, et maudissait sa destinée. Pangloss était au déses-
poir de ne pas briller dans quelque université d'Allemagne. Pour
Martin, il était fermement persuadé qu'on est également mal
partout ; il prenait les choses en patience. Candide, Martin et
Pangloss disputaient[7] quelquefois de métaphysique et de morale.
30 On voyait souvent passer sous les fenêtres de la métairie des
bateaux chargés d'effendis[8], de bachas[9], de cadis[10], qu'on envoyait
en exil à Lemnos[11], à Mytilène[12], à Erzeroum[13] ; on voyait venir
d'autres cadis, d'autres bachas, d'autres effendis, qui prenaient la
place des expulsés, et qui étaient expulsés à leur tour. On voyait

35 des têtes proprement empaillées qu'on allait présenter à la Sublime-Porte[1]. Ces spectacles faisaient redoubler les dissertations[2] ; et quand on ne disputait pas, l'ennui était si excessif que la vieille osa un jour leur dire : « Je voudrais savoir lequel est le pire, ou d'être violée cent fois par des pirates nègres, d'avoir une

40 fesse coupée, de passer par les baguettes chez les Bulgares[3], d'être fouetté et pendu dans un auto-da-fé[4], d'être disséqué, de ramer en galère, d'éprouver enfin toutes les misères par lesquelles nous avons tous passé, ou bien de rester ici à ne rien faire ? – C'est une grande question », dit Candide.

45 Ce discours fit naître de nouvelles réflexions, et Martin surtout conclut que l'homme était né pour vivre dans les convulsions de l'inquiétude, ou dans la léthargie[5] de l'ennui. Candide n'en convenait pas, mais il n'assurait rien. Pangloss avouait qu'il avait toujours horriblement souffert ; mais ayant soutenu une fois que

50 tout allait à merveille, il le soutenait toujours, et n'en croyait rien.

Une chose acheva de confirmer Martin dans ses détestables principes, de faire hésiter plus que jamais Candide, et d'embarrasser Pangloss. C'est qu'ils virent un jour aborder dans leur métairie Paquette et le frère Giroflée, qui étaient dans la plus

55 extrême misère ; ils avaient bien vite mangé leurs trois mille piastres[6], s'étaient quittés, s'étaient raccommodés, s'étaient brouillés, avaient été mis en prison, s'étaient enfuis et enfin frère Giroflée s'était fait turc[7]. Paquette continuait son métier partout, et n'y gagnait plus rien. « Je l'avais bien prévu, dit Martin à

60 Candide, que vos présents seraient bientôt dissipés et ne les

otes

1. Sublime-Porte : cour du sultan à Constantinople.

2. dissertations : discussions et argumentations.

3. Bulgares : ce nom renvoie à des tribus installées en Turquie et en Russie, il ne désigne pas un pays défini.

4. auto-da-fé : autodafé ; à la fois proclamation d'un jugement prononcé par l'Inquisition et son exécution (souvent par le feu).

5. léthargie : état psychologique caractérisé par un sommeil profond.

6. piastres : monnaie espagnole utilisée en Amérique du Sud.

7. fait turc : converti à l'islam.

rendraient que plus misérables. Vous avez regorgé[1] de millions de piastres, vous et Cacambo, et vous n'êtes pas plus heureux que frère Giroflée et Paquette. – Ah ! ah ! dit Pangloss à Paquette, le Ciel vous ramène donc ici parmi nous, ma pauvre enfant ! Savez-vous bien que vous m'avez coûté le bout du nez, un œil et une oreille ? Comme vous voilà faite ! eh ! qu'est-ce que ce monde ! » Cette nouvelle aventure les engagea à philosopher plus que jamais.

Il y avait dans le voisinage un derviche[2] très fameux qui passait pour le meilleur philosophe de la Turquie ; ils allèrent le consulter ; Pangloss porta la parole[3] et lui dit : « Maître, nous venons vous prier de nous dire pourquoi un aussi étrange animal que l'homme a été formé. – De quoi te mêles-tu ? lui dit le derviche ; est-ce là ton affaire ? – Mais, mon révérend père, dit Candide, il y a horriblement de mal sur la terre. – Qu'importe, dit le derviche, qu'il y ait du mal ou du bien ? Quand Sa Hautesse[4] envoie un vaisseau en Égypte, s'embarrasse-t-elle si les souris qui sont dans le vaisseau sont à leur aise ou non ? – Que faut-il donc faire ? dit Pangloss. – Te taire, dit le derviche. – Je me flattais, dit Pangloss, de raisonner un peu avec vous des effets et des causes[5], du meilleur des mondes possibles, de l'origine du mal, de la nature de l'âme, et de l'harmonie préétablie[6]. » Le derviche, à ces mots, leur ferma la porte au nez.

Pendant cette conversation, la nouvelle s'était répandue qu'on venait d'étrangler à Constantinople deux vizirs[7] du banc[8] et le muphti[9], et qu'on avait empalé plusieurs de leurs amis. Cette

notes

1. regorgé : eu en abondance.
2. derviche : religieux musulman souvent associé à l'idée de sagesse.
3. porta la parole : fut le porte-parole.

4. Sa Hautesse : titre du sultan.
5. des effets et des causes : termes de la philosophie de Leibniz (*cf.* chapitre 1).

6. harmonie préétablie : expression de la philosophie optimiste de Leibniz.
7. vizirs : ministres.
8. banc : conseil du sultan.
9. muphti : chef religieux musulman.

catastrophe faisait partout un grand bruit pendant quelques heures. Pangloss, Candide et Martin, en retournant à la petite métairie, rencontrèrent un bon vieillard qui prenait le frais à sa porte sous un berceau d'orangers. Pangloss, qui était aussi curieux que raisonneur, lui demanda comment se nommait le muphti qu'on venait d'étrangler. « Je n'en sais rien, répondit le bonhomme ; et je n'ai jamais su le nom d'aucun muphti ni d'aucun vizir. J'ignore absolument l'aventure dont vous me parlez ; je présume qu'en général ceux qui se mêlent des affaires publiques périssent quelquefois misérablement, et qu'ils le méritent ; mais je ne m'informe jamais de ce qu'on fait à Constantinople ; je me contente d'y envoyer vendre les fruits du jardin que je cultive. » Ayant dit ces mots, il fit entrer les étrangers dans sa maison ; ses deux filles et ses deux fils leur présentèrent plusieurs sortes de sorbets[1] qu'ils faisaient eux-mêmes, du kaïmak[2] piqué d'écorces de cédrat[3] confit, des oranges, des citrons, des limons[4], des ananas, des pistaches, du café de Moka qui n'était point mêlé avec le mauvais café de Batavia et des îles. Après quoi les deux filles de ce bon musulman parfumèrent les barbes de Candide, de Pangloss et de Martin.

« Vous devez avoir, dit Candide au Turc, une vaste et magnifique terre ? – Je n'ai que vingt arpents[5], répondit le Turc ; je les cultive avec mes enfants ; le travail éloigne de nous trois grands maux, l'ennui, le vice, et le besoin. »

Candide, en retournant dans sa métairie, fit de profondes réflexions sur le discours du Turc. Il dit à Pangloss et à Martin : « Ce bon vieillard me paraît s'être fait un sort bien préférable à celui des six rois avec qui nous avons eu l'honneur de souper.

notes

1. sorbets : boissons rafraîchissantes composées de sucre et de citron.
2. kaïmak : sorte de sorbet.

3. cédrat : sorte de citron.
4. limons : sortes de citrons.
5. vingt arpents : 7 à 10 hectares.

115 — Les grandeurs, dit Pangloss, sont fort dangereuses, selon le rapport de tous les philosophes : car enfin Églon, roi des Moabites, fut assassiné par Aod ; Absalon fut pendu par les cheveux et percé de trois dards ; le roi Nadab, fils de Jéroboam, fut tué par Baza ; le roi Éla, par Zambri ; Ochosias, par Jéhu ; Athalia, par Joïada ;

La «*petite société*» de la métairie :
Cacambo (Bernard Allouf), Candide (Daniel Russo),
la vieille à genoux (Anne-Marie Coffinet),
Cunégonde (Stéphanie Loïk) et Pangloss (Jean-Luc Lagarde).
Mise en scène de Jean-Claude Amyl, théâtre de Chaillot, 1978.

120 les rois Joachim, Jéchonias, Sédécias[1], furent esclaves. Vous savez comment périrent Crésus, Astyage, Darius, Denys de Syracuse, Pyrrhus, Persée, Annibal, Jugurtha, Arioviste, César, Pompée, Néron, Othon, Vitellius, Domitien[2], Richard II d'Angleterre, Édouard II, Henri VI, Richard III, Marie Stuart, Charles I[er], les

125 trois Henri de France, l'empereur Henri IV[3] ? Vous savez... – Je sais aussi, dit Candide, qu'il faut cultiver notre jardin. – Vous avez raison, dit Pangloss ; car quand l'homme fut mis dans le jardin d'Éden, il y fut mis *ut operaretur eum*[4], pour qu'il travaillât : ce qui prouve que l'homme n'est pas né pour le repos. – Travaillons

130 sans raisonner, dit Martin ; c'est le seul moyen de rendre la vie supportable. »

Toute la petite société entra dans[5] ce louable dessein ; chacun se mit à exercer ses talents. La petite terre rapporta beaucoup. Cunégonde était, à la vérité, bien laide ; mais elle devint une

135 excellente pâtissière ; Paquette broda ; la vieille eut soin du linge. Il n'y eut pas jusqu'à frère Giroflée qui ne rendît service ; il fut un très bon menuisier, et même devint honnête homme ; et Pangloss disait quelquefois à Candide : « Tous les événements sont enchaînés dans le meilleur des mondes possibles : car enfin si vous

140 n'aviez pas été chassé d'un beau château à grands coups de pied dans le derrière pour l'amour de mademoiselle Cunégonde, si vous n'aviez pas été mis à l'Inquisition[6], si vous n'aviez pas couru l'Amérique à pied, si vous n'aviez pas donné un bon coup d'épée au baron, si vous n'aviez pas perdu tous vos moutons du bon pays

145 d'Eldorado, vous ne mangeriez pas ici des cédrats confits et des pistaches. – Cela est bien dit, répondit Candide, mais il faut cultiver notre jardin. »

passage analysé

notes

1. Églon, [...] Sédécias : personnages de la Bible.
2. Crésus, [...] Domitien : personnages de l'Antiquité présentés par ordre chronologique.

3. Richard II [...] Henri IV : personnages de l'époque moderne.
4. ut operaretur eum : « pour qu'il travaillât » (citation de la Genèse).

5. entra dans : fut d'accord avec.
6. Inquisition : tribunal religieux (allusion au chapitre 6).

Le jardin de Candide

Dans *Candide*, les péripéties se succèdent et, le conte se définissant comme un voyage, le récit privilégie la nouveauté et la surprise. Les titres de chacun des chapitres indiquent cette diversité et ce mouvement. Mais le dernier chapitre se démarque d'emblée : Voltaire annonce une « Conclusion ». Elle sera lapidaire : *« il faut cultiver notre jardin »*. Cette injonction* pratique s'inscrit dans un mythe du jardin bien éloigné de la réalité ouverte et douloureuse que Voltaire nous a présentée jusque-là. Où est donc la conclusion annoncée ?

En réalité, malgré le titre et sans doute pour continuer de nous surprendre, plusieurs conclusions s'enchaînent. Les personnages sont malheureux – ce qui tend à donner raison à Martin, le philosophe qui a succédé à Pangloss auprès de Candide ; et la *« grande question »* devient de savoir *« lequel est le pire [...], d'éprouver enfin toutes les misères par lesquelles nous avons tous passé, ou bien de rester ici à ne rien faire »*.

On avait déjà vu que l'Eldorado était ennuyeux et qu'il valait mieux en partir. Candide et ses amis poursuivent donc leur quête philosophique en rencontrant d'abord un derviche qui apporte une première conclusion métaphysique, puis un *« bon vieillard »* qui apporte sa leçon basée sur la place du travail. Tous deux refusent de raisonner. Martin, Pangloss et Candide regagnent leur métairie à la recherche d'une ultime conclusion.

* Cf. Lexique.

La dernière page du conte

Alors que l'ensemble du conte joue sur la surprise, la dernière page est au contraire écrite sur le mode de la répétition ou, pour employer une expression musicale, sur le principe du thème et de ses variations. Les deux derniers paragraphes, comme les panneaux d'un diptyque*, se répondent, et un jeu de différences assure la progression de la page vers son dénouement.

De même que le chapitre 1 présentait toutes les marques d'un incipit, le chapitre 30 s'affiche comme un passage de conclusion. La situation finale se fait l'écho de la situation initiale*, fermant ainsi la boucle narrative. Mais Voltaire est également un auteur dramatique* : cette dernière page n'est pas sans rappeler le dénouement des comédies.

Un diptyque

❶ En quoi l'extrait choisi est-il bâti en diptyque ? Vous étudierez notamment la place du récit et celle du discours, les formes du parallélisme.
❷ En quoi le second paragraphe de l'extrait marque-t-il une progression par rapport au précédent ?

Les marques de la conclusion

❸ Relevez les expressions qui ferment et réduisent l'espace.
❹ Dans quelle mesure la dernière réplique de Pangloss porte-t-elle les marques de la conclusion du conte ?
❺ Quels procédés* Voltaire emprunte-t-il au dénouement des comédies ?
❻ En quoi la métairie s'apparente-t-elle et s'oppose-t-elle à la baronnie du premier chapitre ?

* Cf. Lexique.

« La petite société »

Voltaire nous présente la situation des personnages à la fin du récit. Tous ont traversé, depuis le « *paradis terrestre* » de la petite baronnie, de très nombreuses péripéties. Mais tous n'ont pas évolué.

Quant au personnage éponyme*, c'est une fois encore à lui que revient le rôle fédérateur ; il est au centre des deux derniers paragraphes comme au centre de la métairie. Le conte s'est avéré être un véritable récit d'initiation, et si Voltaire se tait à la fin du chapitre 30, c'est parce que Candide, ayant trouvé réponse à ses questions, n'éprouve plus le désir de poursuivre son voyage.

Les compagnons de Candide

❼ Quels personnages ont évolué au cours du conte et au cours de ce dernier chapitre ?

❽ Quels personnages, au contraire, n'ont pas évolué ?

Candide

❾ En quoi Candide a-t-il évolué au cours du conte et au cours de ce dernier chapitre ?

« Il faut cultiver notre jardin »

Tout au long du conte, Voltaire s'est attaché à rejeter toute doctrine unique, toute forme de dogmatisme. Ainsi, le philosophe Pangloss n'est qu'une sorte d'automate programmé pour débiter sans fin des raisonnements vides de sens. On peut donc s'étonner de voir apparaître, après un tel rejet de tout système, un chapitre intitulé « *Conclusion* » et une formule qui deviendra proverbiale.

* *Cf.* Lexique.

......................... **Une formule proverbiale**

❿ Précisez le contexte dans lequel est prononcée, par deux fois, la formule « *il faut cultiver notre jardin* ».

⓫ Quels sens peut-on donner à cette phrase ?

**Cunégonde
(Stéphanie Loïk),
beauté défigurée
par les aléas de la vie,
mise en scène de
Jean-Claude Amyl,
théâtre de Chaillot, 1978.**

Les voies du bonheur

Lectures croisées et travaux d'écriture

Après la baronnie, dans laquelle le bonheur du baron reposait sur l'illusion de sa puissance, et l'Eldorado, présenté comme le pays où tout le monde vit heureux, Voltaire installe ses personnages dans une petite métairie coupée du reste du monde.

Après avoir erré à la recherche de Cunégonde et, plus largement, du bonheur, Candide trouve son équilibre dans le travail : *« il faut cultiver notre jardin ».* Cette réflexion qui clôt son voyage initiatique doit être replacée dans le contexte des Lumières. Le bonheur est une question largement débattue au XVIIIe siècle et ce débat se nourrit des morales antiques. Les stoïciens (Zénon, philosophe grec, 340-260 av. J.-C.) prônent la vertu et l'indifférence aux vicissitudes de la vie. Selon les épicuriens (Épicure, philosophe grec, 341-270 av. J.-C.), le bonheur est inséparable du plaisir sensible.

Si, dans *Candide*, la question du bonheur se pose comme un choix individuel, elle n'est cependant pas dissociable de celle de la conception du monde. Les malheurs naturels et humains s'enchaînent, et l'on peut se demander comment être heureux (ou moins malheureux ?) dans un tel univers. Faut-il considérer cet univers ou, au contraire, l'ignorer ? Faut-il chercher la satisfaction immédiate de ses désirs ou, au contraire, chercher un bonheur plus profond mais peut-être inaccessible ? En laissant Candide dans son jardin, Voltaire ouvre le débat.

Jean de La Fontaine, *Fables*

La Fontaine, dans «Le Philosophe scythe», s'inspire des Nuits attiques *de l'écrivain latin Aulu-Gelle (IIᵉ siècle ap. J.-C.). Et sans doute Voltaire s'inspira-t-il à son tour de cette fable...*

Un philosophe austère, et né dans la Scythie[1],
Se proposant de suivre une plus douce vie,
Voyagea chez les Grecs, et vit en certains lieux
Un sage assez semblable au vieillard de Virgile[2],
Homme égalant les rois, homme approchant des dieux,
Et, comme ces derniers, satisfait et tranquille.
Son bonheur consistait aux beautés d'un jardin.
Le Scythe l'y trouva qui, la serpe à la main,
De ses arbres à fruit retranchait l'inutile,
Ébranchait, émondait[3], ôtait ceci, cela,
 Corrigeant partout la nature,
Excessive à payer ses soins avec usure.
 Le Scythe alors lui demanda
Pourquoi cette ruine[4] : était-il d'homme sage[5]
De mutiler ainsi ces pauvres habitants ?
«Quittez-moi votre serpe, instrument de dommage ;
 Laissez agir la faux du temps :
Ils iront assez tôt border le noir rivage.
– J'ôte le superflu, dit l'autre, et, l'abattant,
 Le reste en profite d'autant. »
Le Scythe, retourné dans sa triste demeure,
Prend la serpe à son tour, coupe et taille à toute heure ;
Conseille à ses voisins, prescrit à ses amis
 Un universel abattis[6].
Il ôte de chez lui les branches les plus belles,
Il tronque son verger contre toute raison,
 Sans observer temps ni saison,
 Lunes ni vieilles ni nouvelles[7].
Tout languit et tout meurt. Ce Scythe exprime[8] bien
 Un indiscret[9] stoïcien :
 Celui-ci retranche de l'âme
Désirs et passions, le bon et le mauvais,
 Jusqu'aux plus innocents souhaits.
Contre de telles gens, quant à moi, je réclame.

Ils ôtent à nos cœurs le principal ressort ;
Ils font cesser de vivre avant que l'on soit mort.

<div align="right">Jean de La Fontaine, « Le Philosophe scythe », Fables, 1694.</div>

1. Scythie : région située par les Anciens près de la mer Noire. **2.** Allusion aux *Géorgiques* de Virgile. **3. émondait** : débarrassait un arbre des branches inutiles. **4. ruine** : bois abattu. **5. était [...] sage** : Était-ce le fait d'un homme sage… **6. abattis** : amas de bois abattu. **7.** L'observation des phases de la Lune était importante pour les travaux agricoles. **8. exprime** : représente. **9. indiscret** : qui manque de discernement.

Madame du Châtelet, *Discours sur le bonheur*

Madame du Châtelet exprime son épicurisme * *profond dans sa vie remplie de passions (l'étude, le jeu et bien sûr l'amour) comme dans son* Discours sur le bonheur.

Il faut commencer par se bien dire à soi-même et par se bien convaincre que nous n'avons rien à faire dans ce monde qu'à nous y procurer des sensations et des sentiments agréables. Les moralistes qui disent aux hommes : réprimez vos passions, et maîtrisez vos désirs, si vous voulez être heureux, ne connaissent pas le chemin du bonheur. On n'est heureux que par des goûts et des passions satisfaites ; je dis des goûts, parce qu'on n'est pas toujours assez heureux pour avoir des passions, et qu'au défaut des passions, il faut bien se contenter des goûts. Ce serait donc des passions qu'il faudrait demander à Dieu, si on osait lui demander quelque chose [...].

Mais, me dira-t-on, les passions ne font-elles pas plus de malheureux que d'heureux ? Je n'ai pas la balance nécessaire pour peser en général le bien et le mal qu'elles ont faits aux hommes ; mais il faut remarquer que les malheureux sont connus parce qu'ils ont besoin des autres, qu'ils aiment à raconter leurs malheurs, qu'ils y cherchent des remèdes et du soulagement. Les gens heureux ne cherchent rien, et ne vont point avertir les autres de leur bonheur ; les malheureux sont intéressants, les gens heureux sont inconnus. [...]

On connaît donc bien plus l'amour par les malheurs qu'il cause, que par le bonheur souvent obscur qu'il répand sur la vie des hommes. Mais supposons, pour un moment, que les passions fassent plus de malheureux que d'heureux, je dis qu'elles seraient encore à désirer, parce que c'est la condition sans laquelle on ne peut avoir de grands plaisirs ; or, ce n'est la peine de vivre que pour avoir des sensations et des sentiments agréables ;

<div align="right">* Cf. Lexique.</div>

et plus les sentiments agréables sont vifs, plus on est heureux. Il est donc à désirer d'être susceptible de passions, et je le répète encore : n'en a pas qui veut.

<div align="right">Madame du Châtelet, Discours sur le bonheur, 1779.</div>

Jean Anouilh, *Antigone*

*En 1942, Jean Anouilh reprend, dans sa tragédie, l'*Antigone *du poète grec Sophocle (v^e siècle av. J.-C.). Créon, oncle d'Antigone et père de Hémon, est le roi de Thèbes. Sa conception du bonheur suppose la compromission que refuse sa nièce. Mais le choix de « la petite Antigone » conduit à la mort, et Créon sera le seul survivant de cette tragédie.*

CRÉON. Marie-toi, vite, Antigone, sois heureuse. La vie n'est pas ce que tu crois. C'est une eau que les jeunes gens laissent couler sans le savoir, entre leurs doigts ouverts. Ferme tes mains, ferme tes mains, vite. Retiens-la. Tu verras, cela deviendra une petite chose dure et simple qu'on grignote, assis au soleil. Ils te diront tous le contraire parce qu'ils ont besoin de ta force et de ton élan. Ne les écoute pas. Ne m'écoute pas quand je ferai mon prochain discours devant le tombeau d'Étéocle. Ce ne sera pas vrai. Rien n'est vrai que ce qu'on ne dit pas... Tu l'apprendras toi aussi, trop tard, la vie c'est un livre qu'on aime, c'est un enfant qui joue à vos pieds, un outil qu'on tient bien dans sa main, un banc pour se reposer le soir devant sa maison. Tu vas me mépriser encore, mais de découvrir cela, tu verras, c'est la consolation dérisoire de vieillir, la vie, ce n'est peut-être tout de même que le bonheur.

ANTIGONE *murmure, le regard perdu.* Le bonheur...

CRÉON *a un peu honte soudain.* Un pauvre mot, hein ?

ANTIGONE, *doucement.* Quel sera-t-il, mon bonheur ? Quelle femme heureuse deviendra-t-elle, la petite Antigone ? Quelles pauvretés faudra-t-il qu'elle fasse elle aussi, jour par jour, pour arracher avec ses dents son petit lambeau de bonheur ? Dites, à qui devra-t-elle mentir, à qui sourire, à qui se vendre ? Qui devra-t-elle laisser mourir en détournant le regard ?

CRÉON *hausse les épaules.* Tu es folle, tais-toi.

ANTIGONE. Non, je ne me tairai pas ! Je veux savoir comment je m'y prendrai, moi aussi, pour être heureuse. Tout de suite, puisque c'est tout de suite qu'il faut choisir. Vous dites que c'est si beau la vie. Je veux savoir comment je m'y prendrai pour vivre.

CRÉON. Tu aimes Hémon ?

ANTIGONE. Oui, j'aime Hémon. J'aime un Hémon dur et jeune ; un Hémon exigeant et fidèle, comme moi. Mais si votre vie, votre bonheur doivent passer sur lui avec leur usure, si Hémon ne doit plus pâlir quand je pâlis, s'il ne doit pas me croire morte quand je suis en retard de cinq minutes, s'il ne doit plus se sentir seul au monde et me détester quand je ris sans qu'il sache pourquoi, s'il doit devenir près de moi le monsieur Hémon, s'il doit apprendre à dire « oui », lui aussi, alors je n'aime plus Hémon !

CRÉON. Tu ne sais plus ce que tu dis. Tais-toi.

ANTIGONE. Si, je sais ce que je dis, mais c'est vous qui ne m'entendez plus. Je vous parle de trop loin maintenant, d'un royaume où vous ne pouvez plus entrer avec vos rides, votre sagesse, votre ventre. *(Elle rit.)* Ah ! je ris, Créon, je ris parce que je te vois à quinze ans, tout d'un coup ! C'est le même air d'impuissance et de croire qu'on peut tout. La vie t'a seulement ajouté tous ces petits plis sur le visage et cette graisse autour de toi.

Jean Anouilh, *Antigone*, La Table ronde, 1946.

Corpus

Texte A : Extrait du chapitre 30 de *Candide* de Voltaire (p. 217, ligne 111, à p. 219, ligne 147).

Texte B : « Le Philosophe scythe », extrait des *Fables* de Jean de La Fontaine (pp. 225-226).

Texte C : Extrait du *Discours sur le bonheur* de Madame du Châtelet (pp. 226-227).

Texte D : Extrait d'*Antigone* de Jean Anouilh (pp. 227-228).

Examen des textes

❶ Étudiez, dans le texte B, les marques du discours rapporté.

❷ Dans quelle mesure le texte B est-il narratif ?

❸ Résumez en une phrase la thèse* de Madame du Châtelet et en une autre phrase celle qu'elle réfute (texte C).

❹ Étudiez les différentes valeurs du pronom « *on* » dans le texte C.

❺ Étudiez le vocabulaire affectif* dans la première réplique de Créon (texte D).

* *Cf.* Lexique.

Travaux d'écriture

Question préliminaire
Après avoir brièvement présenté les conceptions du bonheur énoncées par Candide, La Fontaine, Madame du Châtelet, Créon et Antigone, vous rapprocherez deux de ces conceptions en justifiant votre choix.

Commentaire
Vous ferez le commentaire de la fable « Le Philosophe scythe » de La Fontaine.

Dissertation
Doit-on toujours attendre d'une œuvre littéraire qu'elle nous donne une leçon ?

Écriture d'invention
En vous appuyant sur des arguments* et des exemples précis tirés de la réalité ou de vos lectures, vous imaginerez un dialogue entre des personnes défendant deux conceptions différentes du bonheur. Votre dialogue sera inséré dans une trame narrative et précédé d'un bref passage d'introduction.

* *Cf.* Lexique.

Candide :
bilan de première lecture

❶ Où et quand se déroule l'action du chapitre 1 ?

❷ Qui est Candide et quel événement bouleverse son destin ?

❸ Qui est Pangloss et quelle est sa philosophie ?

❹ Pourquoi Pangloss a-t-il quitté la baronnie ?

❺ Qui est Cunégonde ?

❻ Quels événements se produisent à Lisbonne ?

❼ Qui est la vieille ?

❽ Qui est Cacambo ?

❾ Quel personnage Candide retrouve-t-il chez les jésuites du Paraguai ?

❿ Où se situe l'Eldorado ?

⓫ Pourquoi Candide quitte-t-il l'Eldorado ?

⓬ Qu'advient-il des moutons de l'Eldorado ?

⓭ Dans quelles circonstances entend-on parler du négociant Vanderdendur ?

⓮ Quel personnage incarne une position philosophique contraire à celle de Pangloss ?

⓯ Qui est frère Giroflée ?

⓰ À quel moment le personnage de Paquette apparaît-il pour la première fois ?

⓱ À quelles occasions Candide retrouve-t-il Pangloss ?

⓲ À quelles occasions Candide retrouve-t-il Cunégonde ?

⓳ Dans quelle région se situe le dénouement du conte ?

⓴ Quels sont les personnages présents dans la métairie de Candide ?

Candide,
un apologue
au siècle
des Lumières

Le café *Procope*, à Paris, au XVIIIᵉ siècle. En médaillons, de gauche à droite : Buffon,
Gilbert, Diderot, d'Alembert, Marmontel, Le Kain, Rousseau, Voltaire, Piron et d'Holbach.

Structure de l'œuvre

Après avoir dépeint un monde clos et figé dans le chapitre 1, Voltaire déploie l'espace ouvert des voyages et des aventures. Les péripéties se multiplient et l'on découvre à chaque fois de nouveaux décors et de nouveaux personnages. Dans le chapitre 30, cet éventail se replie dans le jardin de Candide. Ce jeu du resserrement et du déploiement, de l'unité et de la multiplicité assure le dynamisme du conte.

UNITÉ	MULTIPLICITÉ
• Candide est présent tout au long du conte et sa quête est l'objet du récit.	• Les personnages sont nombreux et certains n'apparaissent que ponctuellement.
• Les personnages de la baronnie réapparaissent au cours du récit. • Candide se réfère constamment à Pangloss et à la baronnie.	
• Les chapitres sont fédérés autour de la critique de l'optimisme.	• Chaque chapitre développe une critique ponctuelle (Inquisition, esclavage…).
• Trois pôles (chapitres 1, 17-18, 30) assurent un jeu d'échos unificateurs.	• Les épisodes sont nombreux et le décor varie fréquemment.
• Voltaire dresse régulièrement un bilan de ce qui s'est produit au cours du récit.	
• Voltaire alterne les péripéties et les déplacements qui sont l'occasion d'une pause : les personnages commentent les événements.	• Au récit principal s'ajoutent des récits enchâssés : ceux de la vieille, de Cunégonde, du fils du baron, de Paquette…

Structure du récit

Les trois pôles

Chapitre 1 : le paradis de Thunder-ten-tronckh

La baronnie est un petit monde clos présenté comme « *le meilleur des mondes possibles* » ; figée dans ses règles aristocratiques, cette société est présentée comme un modèle illusoire. Le premier chapitre définit un « *paradis terrestre* » qui servira de référence tout au long du conte. On retrouvera, au cours du récit, les personnages de la baronnie.

> **Candide est chassé de Thunder-ten-tronckh car il a manifesté un désir contraire aux règles.**

Chapitres 17 et 18 : l'Eldorado

L'Eldorado, comme la baronnie, est un monde clos ; cette société idéale, utopique, ne connaît aucune tension due à l'argent ou à l'ambition. Tout est plaisir. L'Eldorado est une autre représentation du « *paradis terrestre* ». Si la première représentation (chap. 1) reposait sur l'illusion, la seconde est très nettement montrée comme relevant de la fiction.

> **Candide quitte de lui-même le pays de l'Eldorado parce qu'il n'y a pas de place pour le désir et l'ambition, et qu'il souhaite retrouver Cunégonde et devenir puissant.**

Chapitre 30 : le jardin de Candide

En écho des autres paradis, le jardin de Candide est un monde clos où chacun a sa place et un rôle bien défini. Le désir y est également absent. Tous les personnages du conte sont réunis. Ce dernier chapitre constitue la morale du récit puisque, après une succession de malheurs, il laisse une possibilité de sens et de bonheur.

L'aller-retour de Candide

Chapitres 2 à 16 : l'aller

Le voyage de Candide, chassé du « *paradis terrestre* », est une fuite. Le personnage n'a aucune réelle autonomie ; porté par les événements, il se contente de se lamenter. Ces chapitres sont une succession de malheurs où Candide commence à remettre en cause l'optimisme de son maître Pangloss.

Chapitres 19 à 29 : le retour

Le voyage de Candide devient une quête de Cunégonde. Le personnage a acquis une certaine autonomie ; encore naïf, il est cependant capable de prendre des décisions. Il va retrouver successivement les différents personnages du conte. Ces chapitres continuent de présenter un monde négatif qui contredit la théorie de l'optimisme, mais il s'agit plus particulièrement ici de montrer les noirceurs de l'âme humaine.

Les étapes de l'aller-retour

Chapitres 2 à 16 : l'aller

CHAP.	ÉTAPES	COMPAGNONS
2	Candide est enrôlé dans l'armée bulgare.	
3-4	Après avoir assisté à une bataille, il s'enfuit en **Hollande** où il fait la connaissance de l'anabaptiste Jacques (3) puis retrouve Pangloss (4).	– Jacques – Pangloss *(retrouvailles)*
5	Ils partent pour **Lisbonne** et Jacques meurt dans une tempête.	– Jacques *(noyade)* – Pangloss
6	Un autodafé a lieu pour empêcher la terre de trembler à **Lisbonne**. Pangloss est pendu.	– Pangloss *(séparation)* – La vieille
7-9	Une vieille femme emmène Candide chez elle ; il y retrouve Cunégonde (7).	– La vieille – Cunégonde *(retrouvailles)*
10-12	Candide, Cunégonde et la vieille s'enfuient à **Cadix** (10), d'où ils embarquent pour le **Paraguai** (11-12).	– La vieille – Cunégonde
13-14	Les trois personnages se retrouvent à **Buenos-Ayres** ; le gouverneur s'éprend de Cunégonde (13). Candide est obligé de s'enfuir et de se réfugier avec son valet Cacambo chez les jésuites où ils retrouvent le fils du baron (14).	– Cunégonde et la vieille *(séparation)* – Cacambo
15	Candide s'enfuit après avoir transpercé de son épée le frère de Cunégonde.	– Cacambo
16	Prisonniers des Oreillons, une tribu anthropophage, Candide et Cacambo parviennent à s'échapper. Ils se retrouvent dans le pays de l'**Eldorado**.	– Cacambo

Chapitres 19 à 29 : le retour

CHAP.	ÉTAPES	COMPAGNONS
19	Candide et Cacambo rencontrent un esclave nègre en arrivant à **Surinam**. Candide confie à son valet la tâche d'aller racheter Cunégonde avec les diamants de l'Eldorado. Candide choisit Martin comme nouveau compagnon.	– Cacambo *(séparation)*
20-21	Candide et Martin partent pour l'**Europe**.	– Martin *(choisi par Candide : ce qui marque un tournant dans le conte)*
22	Candide et Martin séjournent à **Paris**.	– Martin
23	Candide et Martin abordent les côtes de l'**Angleterre**.	– Martin
24-26	Candide et Martin partent pour **Venise** où ils retrouvent la servante de la baronnie, Paquette, en compagnie de frère Giroflée (24). Ils y rencontrent Pococuranté (25), des rois déchus, et y retrouvent Cacambo (26).	– Martin – Paquette *(retrouvailles)* – Cacambo *(retrouvailles)*
27-28	Ils embarquent pour **Constantinople**. Sur la galère, Candide retrouve Pangloss et le fils du baron ; il les rachète (27) et part délivrer Cunégonde (28), esclave sur les bords de la **Propontide** (mer de Marmara).	– Martin – Cacambo – Pangloss et le fils du baron *(retrouvailles)*
29	Candide rachète Cunégonde et la vieille et s'installe avec ses compagnons dans la métairie. (Chap. 30 : Le fils du baron, qui a refusé d'évoluer, est chassé de la métairie et rendu au patron de la galère.)	– Martin, Cacambo, Pangloss et le fils du baron – Cunégonde et la vieille *(retrouvailles)*

Candide au croisement de plusieurs genres

Un conte ?

Les archétypes* du conte traditionnel

L'*incipit* présente toutes les marques du conte de forme traditionnelle ; la tournure impersonnelle* d'ouverture « *Il y avait en Vestphalie* » donne le ton d'emblée : l'imparfait est celui d'une temporalité passée indéfinie propice à toutes les fantaisies du genre. On apprend ensuite que le cadre de l'action est un « *château* », « *le plus beau des châteaux* », appartenant au « *plus grand baron de la province* » et à la « *meilleure des baronnes possibles* ». Le « *meilleur des mondes possibles* », en général aristocratique, est un archétype du conte traditionnel, et Voltaire utilise fortement les marques du genre.

La construction d'ensemble du récit est également un archétype du conte :

– *Situation initiale** et élément perturbateur :* la baronnie est un monde heureux d'où Candide est chassé.

– *Péripéties :* elles sont très nombreuses et constituent un long voyage à la surface du globe.

– *Situation finale :* Candide a retrouvé Cunégonde et reconstitué un univers qui est l'écho de la baronnie initiale.

On peut même simplifier et résumer l'intrigue pour y retrouver un schéma souvent repris dans les contes : l'enfant bâtard, non reconnu, mal aimé, est chassé et

À retenir

Un conte
La construction du récit de *Candide* est un archétype du conte :
- situation initiale,
- élément perturbateur,
- péripéties,
- situation finale.

* Cf. Lexique.

éloigné de la femme qu'il aime ; après des aventures au cours desquelles il va faire la preuve de sa valeur, il retrouve la femme aimée et prend la place de celui qui l'avait chassé (le fils du baron est chassé de la métairie) dans un paradis reconstitué.

Certes, on ne trouve pas ici les personnages aux attributs magiques traditionnels, tels que la fée, la sorcière, l'ogre... Mais peut-être la vieille joue-t-elle le rôle de la bonne sorcière ?

Les retrouvailles et les quasi-résurrections donnent au conte une tonalité extraordinaire conventionnelle. L'épisode de l'Eldorado, avec ses moutons rouges et sa boue en or, appartient aussi au monde merveilleux des contes.

Les personnages présentés dans le premier chapitre sont bien ceux des contes : les portraits sont esquissés simplement car il s'agit de personnages définis seulement par leur fonction dans le récit. Ainsi, le baron est « *un des plus puissants seigneurs de Vestphalie* » ; son fils est « *en tout digne de son père* » ; la jeune Cunégonde présente toutes les qualités physiques attendues. Quant au personnage principal, ses qualités morales valent ses qualités physiques : « *sa physionomie annonçait son âme* », et la nature lui a donné « *les mœurs les plus douces* » (le superlatif est un indice récurrent*). Dans la suite du conte, les qualités du héros seront mises en avant : en effet, au chapitre 9, en riposte à une agression, Candide « *tire son épée, quoiqu'il eût les mœurs fort douces, et vous étend l'israélite roide mort sur le carreau* ». C'est aussi parce qu'il sait à merveille exécuter la parade militaire à la

Les personnages
Comme dans un conte, les personnages sont seulement définis par leur fonction dans le récit.

* *Cf.* Lexique.

manière des Bulgares qu'il sera nommé capitaine au chapitre 10. De même, Cunégonde est, tout au long du conte ou presque, un personnage féminin dont les qualités physiques sont exceptionnelles. Par exemple, dans le chapitre 13, « *la belle Cunégonde* » est, pour le gouverneur de Buenos Aires, « *ce qu'il avait jamais vu de plus beau* ».

Les noms des personnages sont également en accord avec le genre du conte puisque, le plus souvent, ils n'individualisent pas les personnages mais leur apportent une qualification qui fait d'eux l'incarnation d'une généralité. C'est le cas de la vieille, de Pangloss et de Candide. Le nom (prénom ?), très courant, du philosophe Martin va dans ce sens. Ainsi les personnages sont simplifiés à la manière de Cendrillon ou de la Belle au bois dormant.

Simplifiés de la sorte, ils deviennent parfois interchangeables. Les trois principales femmes du conte semblent n'être que trois incarnations du même destin : la vieille en est la figure âgée (Cunégonde lui ressemble à la fin du récit), Cunégonde la figure jeune et aristocratique, Paquette la forme populaire ; mais les destins sont les mêmes. Ces trois personnages féminins se réduisent finalement à représenter la beauté de la femme et ses malheurs.

Le schéma actantiel* appartient aussi au genre du conte sous sa forme la plus traditionnelle. Tout est centré sur le personnage de Candide qui est le fil conducteur du récit et son principal élément fédérateur.

* Cf. Lexique.

Sujet : Candide.
Objet : fuite et survie, quête amoureuse, quête d'un sens.
Destinataire : Cunégonde.
Adjuvants : l'anabaptiste Jacques, la vieille, Cacambo, Martin, les habitants de l'Eldorado.
Opposants : le baron, la baronne, le fils du baron, les Bulgares, le grand Inquisiteur, le négociant Vanderdendur, l'abbé périgourdin...

Bien sûr, on voit tout de suite que certains personnages sont difficiles à placer dans ce schéma : Pangloss, le nègre de Surinam, le derviche... On comprend alors qu'il est impossible de réduire *Candide* à un conte de forme traditionnelle.

La parodie* du conte

En lisant *Candide* comme un conte traditionnel, on laisse de côté certains aspects essentiels. Certes, Candide a retrouvé Cunégonde, comme de coutume dans les contes ; mais Cunégonde est devenue laide, et Candide l'épouse par devoir et pour contrarier le fils du baron. Ainsi, chacun des archétypes* du conte peut être retourné comme on vient de le faire. Par exemple, la baronnie est un monde heureux mais sa représentation hyperbolique est suspecte. La puissance du baron repose sur une illusion et il n'hésitera pas à chasser Candide pour une faute dont sa fille a été l'instigatrice.

L'accumulation et l'hyperbole* sont deux procédés récurrents* dans le conte : l'écriture de Voltaire est parodique ; s'il reprend les marques du conte traditionnel, c'est pour les parodier en les pervertissant.

Le monde merveilleux du conte n'existe que dans l'Eldorado : les malheurs, aux causes naturelles ou humaines, s'additionnent les uns aux autres sans

À retenir

Une parodie
Voltaire reprend les archétypes du conte pour les parodier, les pervertir et porter sa critique.

* Cf. Lexique.

répit. Les récits emboîtés viennent ajouter d'autres perspectives négatives en présentant d'autres destins malheureux. Cunégonde a été blessée, humiliée, violée ; la vieille et Paquette aussi. Achmet III a été détrôné ; Ivan, Charles-Édouard et les autres convives du chapitre 26 également. Un roi détrôné ne suffit pas ; il en faut six...

Ajoutons à cela la dégradation des personnages : la « *belle Cunégonde* » est « *rembrunie* » ; ses yeux, comme ceux de la vieille, sont « *éraillés* » ; la vieille a perdu une fesse ; Pangloss n'est plus qu'« *un gueux tout couvert de pustules, les yeux morts, le bout du nez rongé* » (fin du chapitre 3) ; le visage du fils du baron est défiguré (chapitre 27).

Un conte philosophique

Candide ou l'Optimisme : le titre associe le nom du personnage à une notion abstraite. Il ne s'agit donc pas seulement pour l'auteur de raconter l'histoire merveilleuse d'un héros aux qualités stylisées mais aussi d'exposer une certaine vision du monde. La critique de l'optimisme est le principal thème du conte : chacune des aventures du héros tend à prouver que l'on a tort de croire que notre monde est « *le meilleur des mondes possibles* ». Souvent, les épisodes s'achèvent par une réflexion de Candide à propos de la théorie de Pangloss. Ces réflexions de Candide et les allusions fréquentes à Pangloss, même lorsqu'on le pense mort, donnent son unité au conte.

Comme un écho à l'*Encyclopédie* controversée, *Candide,* en échappant à la censure grâce à la supercherie de la traduction, reprend les thèmes des

Lumières. La critique philosophique se double d'une critique de la société et des institutions (voir page 247).

La multiplicité des genres

À la différence de la poésie ou du théâtre au XVIII[e] siècle, la prose narrative n'est pas soumise à des règles contraignantes, telles celles fixées par Boileau dans son *Art poétique*. Le récit est le terrain de la liberté ; aussi Voltaire ne se contente-t-il pas de jouer sur les possibilités du conte et emprunte-t-il des couleurs à la palette du romanesque.

Le romanesque

On peut lire *Candide* comme un roman d'aventures et un roman d'amour, un roman d'apprentissage et une parodie* de roman.

Duels, naufrages, enlèvements, voyages, retrouvailles inattendues... les archétypes* des romans d'aventures (le roman picaresque) et d'amour sont tous réunis. Mais l'évolution de Candide inscrit surtout le récit dans le genre du roman d'apprentissage ou d'initiation. Le jeune Candide, dont le parcours est l'élément central du récit, doit traverser des épreuves, franchir des obstacles et acquérir son autonomie pour pouvoir donner un sens à son existence et trouver sa place dans un monde périlleux.

Mais le caractère invraisemblable est accentué, les aventures se multiplient, les personnages sont stéréotypés. Le romanesque est parodié, et Voltaire prend ses distances vis-à-vis de ce genre. Quel est donc alors le genre de *Candide* ?

À retenir

Un roman ?
Candide est à la fois un roman d'aventures, d'amour, d'initiation, et une parodie de roman.

* *Cf.* Lexique.

Le récit et le dialogue

Sans doute aurait-on tort de vouloir coller une étiquette au conte voltairien. Construisant les archétypes* et les détruisant en même temps, Voltaire mélange les genres et nous déroute sans cesse. Pangloss veut tout figer dans des catégories, Voltaire s'en moque. Comment oserions-nous ensuite enfermer à notre tour dans le tiroir d'une catégorie littéraire une œuvre aussi mouvante ?

Même le terme de « récit », aussi large soit-il, ne saurait convenir. La place du dialogue est telle qu'on ne saurait réduire l'œuvre à une narration. Souvent les aventures sont accompagnées ou suivies d'un dialogue qui marque une pause et permet le commentaire. *Candide* nous fait même parfois penser à une pièce de théâtre (n'oublions pas que Voltaire était très admiré pour son œuvre dramatique*). C'est en ce sens que l'on peut lire les retrouvailles inattendues : elles sont autant de coups de théâtre*.

Mais il ne suffit pas de dire que la trame narrative accorde une grande place au dialogue, car l'on pourrait tout aussi bien dire que le dialogue accorde une grande place au récit... En effet, si les dialogues sont insérés dans le récit principal des aventures de Candide, on trouve parfois la situation inverse : certains récits, comme ceux de la vieille ou de Cunégonde, sont inscrits dans un dialogue. Ce jeu complexe permet de multiplier les destins mais aussi les points de vue*.

Finalement, le genre de *Candide*, c'est d'être un conte et de ne pas en être un, d'être un apologue* qui critique tous les dogmes, d'être un roman et de s'en moquer, de jouer sur le récit et le dialogue, de multi-

À retenir

Une œuvre inclassable
Roman(s), théâtre, conte, apologue ; récit, dialogue… *Candide* ne peut être enfermé dans une catégorie littéraire.

* *Cf.* Lexique.

plier les facettes tout en tissant soigneusement une unité. Sans cesse Voltaire construit et détruit, tisse et isole ; sans cesse il nous déroute en refusant tout enfermement.

La multiplicité des registres

Les registres* se mêlent et, une fois encore, *Candide* échappe à toute classification.

Le registre réaliste

Les références géographiques et historiques sont multiples. Les allusions à l'actualité de l'époque (le tremblement de terre de Lisbonne, par exemple) et aux diverses querelles de Voltaire sont nombreuses, si bien que la lecture ressemble parfois à un décryptage. Il faut ainsi deviner qui se cache derrière « *l'archidiacre T...* » ou derrière « *le faiseur de feuilles* », qui est « *le gros homme qu'on venait de tuer en cérémonie* » à Portsmouth (chapitre 23).

La violence des descriptions et des récits est loin de la réalité édulcorée des contes traditionnels. Il suffit de citer quelques expressions du chapitre 3 : « *des vieillards criblés de coups* », « *des cervelles étaient répandues sur la terre à côté de bras et de jambes coupées* »... Les détails de ce style cru abondent, qui appartiennent au registre réaliste.

Le registre ironique

Mais l'accumulation de détails horribles révolte le lecteur sans forcément l'émouvoir. On n'éprouve pas de compassion pour les personnages de Voltaire car, sans

* *Cf.* Lexique.

cesse, une distance se crée, qui nous oblige à avoir sur la situation le regard de la raison plus que celui des sentiments. En effet, les personnages ne sont que des marionnettes stylisées au service d'une démonstration, et le registre comique suscite notre indignation plus que notre émotion.

En jouant sur les mots (les néologismes* et les allusions), en utilisant les procédés de l'ironie (antiphrase*) et de l'humour (euphémisme*, périphrase*), en créant des situations burlesques (le « *commençons par souper* » qui achève le récit des malheurs de Cunégonde), en parodiant les genres littéraires à succès, Voltaire crée cette distance liée au comique dont parlera le philosophe français Henri Bergson *(Le Rire)*.

Le registre* comique, et plus particulièrement ironique, constitue un des éléments fédérateurs du récit, puisqu'il est modulé du début à la fin du récit dans toutes ses variantes. Il sert également à séduire le lecteur en le déroutant sans cesse. C'est enfin un instrument efficace au service de l'argumentation, puisque c'est le lecteur qui, sensible au jeu de l'implicite*, échafaude lui-même sa propre critique.

À retenir

L'humour et l'ironie
Pour Voltaire, l'humour et l'ironie sont des instruments efficaces au service de l'argumentation.

* Cf. Lexique.

Candide : une œuvre des Lumières

Publié en 1759, *Candide* est une œuvre majeure d'un des auteurs importants du siècle des Lumières. Voltaire, très impliqué dans son époque, est un dramaturge* à succès mais aussi un philosophe très controversé.

La critique des institutions

Utilisant, comme Montesquieu dans ses *Lettres persanes*, le procédé du point de vue* naïf, Voltaire dénonce au travers de son récit les diverses institutions de son temps.

Le pouvoir politique n'est pas directement visé, mais on remarque que le souverain de l'Eldorado est beaucoup plus proche de ses sujets (l. 92, p. 137) et beaucoup plus attaché à la liberté (l. 131, p. 139) que Louis XV. Par ailleurs, dans le chapitre 25, les six rois détrônés témoignent de l'instabilité politique des régimes monarchiques. Si le système n'est pas remis en cause, la politique menée est sévèrement critiquée : en effet, la guerre apparaît absurde et cruelle (les Bulgares, les récits de Cunégonde et de la vieille...), et le « *droit public* » semble se réduire à une légalisation des faits de guerre (« *c'était un village abare que les Bulgares avaient brûlé selon les lois du droit public* », p. 46).

L'économie est critiquée notamment au travers du négociant Vanderdendur qui torture ses esclaves et vole Candide. Commerce et escroquerie se confondent ;

À retenir

Le pouvoir politique
Dans *Candide*, ce n'est pas le principe de la monarchie qui est directement attaqué ou remis en cause, mais plutôt la politique menée qui, elle, est vivement critiquée.

* *Cf.* Lexique.

ajoutons à cela la piraterie qui rend difficile la circulation maritime. Pourtant, l'Eldorado montre que l'équilibre du pays repose sur une économie prospère, si tant est que le souverain veuille conduire une véritable politique dans ce domaine : « *les hôtelleries établies pour la commodité du commerce sont payées par le gouvernement* » (l. 101-102, p. 121).

La religion est la principale institution visée. Voltaire lui reproche notamment son intolérance, en insistant sur les abus de l'Inquisition (chapitres 6 et 8) et en esquissant le personnage de l'orateur hollandais dans le chapitre 3 (« *Ô ciel ! à quel excès se porte le zèle de la religion chez les dames !* »). Le clergé est critiqué de manière générale et différents ordres sont mentionnés : les jésuites sont principalement visés, mais on rencontre aussi des cordeliers, un théatin (chap. 24), un abbé périgourdin. Le motif de la critique est le désaccord entre le contenu du discours religieux et les actions des ecclésiastiques. Par exemple, les jésuites prêchent l'amour du prochain mais ils entretiennent l'esclavage (chapitre 19) et infligent une vie difficile aux Paraguayens (« *tandis que les Paraguains mangèrent du maïs dans des écuelles de bois, en plein champ, à l'ardeur du soleil, le révérend père commandant entra dans la feuillée* », p. 104).

> **À retenir**
>
> **Le pouvoir religieux**
> La religion est la principale institution visée par les critiques de Voltaire. Voltaire ne s'attaque pas à un ordre en particulier, mais il dénonce les abus de pouvoir, l'intolérance et le dogmatisme.

La liberté

La liberté est un des éléments mis en avant par le roi de l'Eldorado dans son discours : « *tous les hommes sont libres* » ; le souverain déploiera toute son énergie à favoriser le départ de Candide, même s'il désapprouve

cette décision peu sage et peu conforme à l'esprit de l'Eldorado.

Mais la liberté n'existe sans doute que dans le pays merveilleux et idéal de l'Eldorado. Ailleurs, les personnages agissent en général sous la contrainte ou, au mieux, pour échapper à la contrainte. Voltaire lui-même avance masqué pour échapper à la censure : *Candide* est prétendument écrit par un certain docteur Ralph décédé à l'heure de la parution…

La seule liberté dont Voltaire puisse user est celle de la forme. Le genre narratif n'est pas soumis à des règles strictes comme la tragédie, et tout est possible : Voltaire joue avec toutes les possibilités de la narration (voir p. 243) et révèle ainsi que la liberté, pour les Lumières, passe également par une remise en cause des formes littéraires. Diderot fera de même, en 1771, avec *Jacques le Fataliste* (publié en 1796). Aussi, Voltaire ne cesse-t-il de défaire et de refaire les genres ; son écriture est inventive et provocante ; son conte est dynamique et séduisant.

À retenir

La liberté
Au Siècle des lumières, la liberté passe aussi par une remise en cause des formes littéraires.

L'écriture dynamique

Le jeu sur les différentes formes et l'enchaînement rapide des épisodes donnent son rythme au conte. Le tempo est soutenu ; seuls quelques voyages en mer marquent une pause dans la narration des péripéties ; mais, aussitôt à terre, la cadence reprend et les surprises s'enchaînent. Dans le détail des chapitres comme dans la composition d'ensemble, Voltaire adopte un style qui ressemble bien à la légèreté spirituelle d'un Marivaux ou d'un Beaumarchais. Dans une

société soumise à la censure et éprise de liberté, l'implicite*, baptisé « esprit », est un mode d'écriture.

Le style de Voltaire est incitatif : l'apparente objectivité due à la naïveté du point de vue* de Candide incite le lecteur à réagir, à faire sienne la critique sous-jacente. L'humour et surtout l'ironie jouent ce rôle. Mais ce n'est pas tout : la dialectique du maillon et de la chaîne, de l'épisode et du récit principal, du détail et de l'ensemble a également cette valeur incitative. En effet, les personnages sont dispersés dans le récit et le lecteur doit reconstituer les éléments du puzzle. Il doit décrypter les allusions (chap. 22), retrouver les éclats dispersés (l'exemple de Vanderdendur, mentionné trois fois dans les chapitres 19 et 20).

Le lecteur est régulièrement bousculé : il croit avoir compris que Pangloss était mort, alors que Voltaire ne l'a jamais dit, et il s'aperçoit qu'il s'est trompé. Il doit être actif et participer à la création du conte lui-même. Acceptant le jeu, déchiffrant l'implicite, il accepte de ce fait l'argumentation et fait sienne la critique voltairienne. Car, comme dans toutes les œuvres des philosophes du XVIIIe siècle, le ludique est un des chemins de la raison, une voie vers la « lumière ».

* *Cf.* Lexique.

Lexique
d'analyse littéraire

Affectif (vocabulaire) Vocabulaire des sentiments, des émotions.

Antiphrase Procédé de style qui consiste à dire le contraire de ce que l'on pense.

Apologue Court récit allégorique contenant une morale.

Archétype Caractéristique exemplaire et récurrente.

Argument Idée ou constatation présentée pour démontrer une thèse.

Cardinales Essentielles.

Champ lexical Ensemble de termes se rapportant à une même notion.

Coup de théâtre Événement imprévu qui provoque un retournement brutal de la situation.

Diptyque Tableau formé de deux volets ; par extension, une œuvre en deux parties.

Discours direct Parole d'un personnage rapportée directement dans un texte à l'aide notamment d'une ponctuation spécifique (tiret, guillemets).

Dramatique Relatif au théâtre ; un auteur dramatique (Molière) est un dramaturge, une pièce de théâtre est une œuvre dramatique.

Drame Étymologiquement, action, mouvement, toute situation théâtrale.

Énonciation Fait de produire un énoncé, tout acte de parole ; les éléments de la situation d'énonciation sont le locuteur, le destinataire, le lieu et le moment de la parole.

Épicurien Relatif à l'épicurisme.

Épicurisme Philosophie qui prône la recherche du plaisir (doctrine du philosophe grec Épicure).

Épistolaire Caractérise ce qui appartient au genre de la lettre.

Éponyme Se dit d'un personnage dont le nom constitue le titre de l'œuvre.

Euphémisme Figure de style qui consiste à atténuer le sens d'un mot.

Humaniste Se dit de quelqu'un qui met l'homme au centre de ses préoccupations ; l'humanisme est un mouvement culturel du XVIe siècle.

Hyperbole Figure de style qui consiste à utiliser des termes exagérés.

Impersonnelle (tournure) Tournure grammaticale dans laquelle le pronom sujet de troisième personne ne représente personne.

Implicite Sous-entendu, non formulé clairement (le contraire est *explicite*).

Injonction Ordre.

Libertin Qui s'écarte de la manière officielle de penser (sur le plan religieux, politique…) ; se dit de certains penseurs des XVIIe et XVIIIe siècles. La liberté de pensée se double, au XVIIIe siècle, d'une liberté de mœurs.

Littéralité Lecture du texte qui se conforme au sens premier des mots.

Mélioratif Se dit d'un terme qui évoque positivement, avantageusement ce qu'il représente (le contraire est *péjoratif*).

Modalisateur Terme qui exprime le point de vue de l'auteur.

Néologisme Terme inventé par l'auteur.

Parodie Imitation, sur le mode comique, d'un genre ou d'une œuvre.

Pathétique Se dit de tout ce qui suscite chez le lecteur une émotion intense.

Périphrase Expression qui vient remplacer un mot.

Point de vue Position de l'auteur, du narrateur ou du personnage par rapport à ce qui est présenté dans le texte ; on parle aussi de *focalisation*.

Procédé Fait grammatical ou stylistique qui vient exprimer ou mettre en valeur une idée dans un texte.

Récurrent Se dit d'un phénomène qui se reproduit.

Registre Tonalité d'un texte (tragique, lyrique, comique, dramatique…), mode sur lequel est traité le thème du texte.

Satire Critique des défauts d'une personne, d'une institution, d'une société.

Schéma actantiel Organisation des personnages en fonction de leur rôle dans l'intrigue.

Schéma narratif Progression du récit (une situation initiale que vient bouleverser un élément perturbateur, des péripéties, une situation finale).

Situation initiale Situation des personnages principaux au début du récit.

Symbolisme Représentation par des symboles d'une réalité difficile à exprimer.

Thèse Opinion qui peut être discutée ; la thèse est défendue par des arguments et illustrée par des exemples.

Tragique Se dit d'une situation dans laquelle un personnage ne peut se défendre, ce qui aboutit, en général, à sa mort.

Bibliographie, filmographie, adaptations théâtrales

Bibliographie

Quelques ouvrages critiques sur Voltaire et sur son œuvre

– Pierre-Georges Castex, *Micromégas, Candide, l'Ingénu de Voltaire*, SEDES, 1959.
– Marie-Hélène Dumestre, *Le Conte philosophique voltairien*, Hatier, 1995.
– Jean Goldzink, *Voltaire de A. à V.*, Hachette, 1994.
– René Pomeau, *Voltaire par lui-même*, Seuil, 1955.
– Jacques Van Den Heuvel, *Voltaire dans ses contes*, Armand Colin, 1967.

Pour mieux comprendre *Candide*

– Voltaire, *L'Ingénu*, 1767 (naïveté et évolution du héros, critique sociale).
– Voltaire, *L'Histoire de Jenni*, 1775 (question du Mal).
– Montesquieu, *Lettres persanes*, 1721 (point de vue naïf et critique sociale).

Pour mieux comprendre le XVIIIe siècle

– Marivaux, *Le Jeu de l'amour et du hasard*, 1730 (théâtre).
– Abbé Prévost, *Manon Lescaut*, 1731 (roman d'amour).
– Beaumarchais, *Le Mariage de Figaro*, 1784 (théâtre).
– Diderot, *Jacques le Fataliste et son Maître*, 1796 (roman rédigé en 1773).
– Milan Kundera, *Jacques et son Maître*, Gallimard, 1981 (théâtre, réécriture).

Filmographie

Candide

– *Candide*, film de Norbert Carbonnaux, avec Jean-Pierre Cassel (Candide) et Pierre Brasseur (Pangloss), 1960.
– *Candide*, téléfilm de Pierre Cardinal, 1962.

Pour mieux comprendre le XVIII^e siècle

– *Beaumarchais, l'insolent*, film d'Édouard Molinaro, avec Fabrice Luchini, Michel Serrault, Michel Piccoli, Jean-Claude Brialy, Sandrine Kiberlain, Manuel Blanc, 1996.
– *Ridicule*, film de Patrice Leconte, avec Charles Berling, Fanny Ardant, Judith Godrèche, Jean Rochefort, Bernard Giraudeau, 1996.

Adaptations théâtrales

– *Candide*, comédie musicale de Leonard Bernstein, 1956. Livret de Lillian Hellman, paroles de Richard Wilbur, paroles additionnelles de Stephen Sondheim et John Latouche, musique de Leonard Bernstein. Reprise en 1973 par Hal Prince, avec John Dale, Andrea Martin et Harolyn Blackwell. Disponible en CD chez Deutsche Grammophon.
– *Candide*, adaptation de Serge Ganzl, mise en scène de Jean-Claude Amyl, théâtre de Chaillot, avec Daniel Russo (Candide), 1978.
– *Candide ou l'Optimisme*, mise en scène de Vincent Colin, théâtre de la Tempête, 1995.
– *Candide* (d'après Voltaire), spectacle de marionnettes, adaptation de Lorraine Côté et mise en scène d'Antoine Laprise, théâtre du Sous-Marin jaune, 1997.

Crédits photographiques

couverture : photo Hachette Livre. **p. 4** : photo Hachette Livre. **pp. 5, 6** : cliché Hachette Livre, photo B.N.F. **p. 8** : sculpture de Jean-Baptiste Pigalle, photo Hachette Livre. **p. 19** : photo Hachette Livre. **pp. 24, 25, 29, 33, 74, 78, 82** : photo Hachette Livre. **p. 28** : photo Prod. **pp. 41, 44, 45, 49** : photo Hachette Livre. **p. 48** : photo Collection Viollet. **p. 52** : photo Christophe L. **pp. 54, 56, 59, 62, 67** : photo Hachette Livre. **p. 61** : photo Georges Wolinski. **p. 66** : photo Agostino Pacciani/Enguerand. **p. 76** : photo Hachette Livre. **p. 84** : cliché Hachette Livre, photo B.N.F. **pp. 85, 88, 94, 99, 160, 164, 181** : photo Hachette Livre. **p. 91** : photo Hachette Livre. **pp. 102, 107, 110, 117, 122, 127, 133, 141, 149, 153** : photo Hachette Livre. **p. 106** : cliché Hachette Livre, photo B.N.F. **p. 112** : photo Hachette Livre. **p. 115** : *(haut)* photo Ph. Coqueux/Specto, *(bas)* photo Collection Christophe L. **p. 126** : photo Agostino Pacciani/Enguerand. **p. 134** : photo *D.R.* **p. 143** : photo Collection Viollet. **p. 148** : photo Hachette Livre. **p. 157** : photo Franquin-Audie/Fluide Glacial. **p. 162** : photo Hachette Livre. **p. 166** : photo AKG Paris. **p. 169** : photo RMN/D. Arnaudet. **p. 172** : photo Ph. Coqueux/Specto. **p. 182** : photo Collection Viollet. **pp. 184, 190, 197** : église et place Saint-Marc de Venise, photo Hachette Livre. **p. 199** : photo AKG Paris. **pp. 202, 206, 207, 211, 213, 220, 224** : photo Hachette Livre. **p. 218** : photo Ph. Coqueux/Specto. **p. 223** : photo Ph. Coqueux/Specto. **p. 232** : photo Collection Viollet.

Conception graphique
Couverture : *Rampazzo & Associés*
Intérieur : *ELSE*

Mise en page
Maogani

Imprimé en Italie par «La Tipografica Varese S.p.A.»
Dépôt légal : 37057 - 07/03
Collection n° 49 - Edition n° 03
16/8549/4

Dans la même collection :